小馬 徹

子供はみんな天才人類学者

文化人類学事始め

●目　次●

はじめに……………………………………………………………(3)
一、山と山は相会わず、人と人は相まみえる
　　1．動かない社会、動く文化………………………………(5)
　　2．文化人類学という実践…………………………………(6)
　　3．文化人類学に目覚めた日本……………………………(7)

二、二十一世紀の日本と文化人類学
　　1．身近な暮らしの学へ……………………………………(9)
　　2．人類学者は何に似ているか……………………………(10)
　　3．探検家、人類学者、子供………………………………(11)
　　4．文化人類学者の二つのタイプ…………………………(12)
　　5．小さな文化人類学者……………………………………(13)

三、見直される受動的な子供観
　　1．外なる心の小径、内なる心の小径……………………(14)
　　2．ヒトの言語の二重分節…………………………………(16)
　　3．区別する音を敢えて刈り込む…………………………(17)
　　4．小さな理論家……………………………………………(19)
　　5．歴史という気まぐれ……………………………………(20)
　　6．歴史家と哲学者…………………………………………(22)

御茶の水書房

四、象徴の森に分け入って
 1．全てのものに名前がある……………………………(24)
 2．最初の分節………………………………………(26)
 3．人間、人形、電車………………………………(27)
 4．神の命名、人間の命名…………………………(29)
 5．語ることは名付けること………………………(31)
 6．しゃぼんだま、おひさま、ゆきだるま…………(32)
 7．本能的身体と文化的身体………………………(34)
 8．頭からも尻尾からも聞く………………………(35)

五、幼い文化人類学者たち
 1．子供と芸術家……………………………………(37)
 2．世界があることの不思議………………………(39)
 3．自分があることの不思議………………………(41)
 4．幼い娘がしてくれたレッスン…………………(42)
 5．アマゾン奥地のレヴィ＝ストロース……………(44)
 6．三歳の孫娘の贈り物……………………………(46)
 7．交換するヒト、しないサル……………………(48)
 8．パパはどうして男なの？………………………(49)
 9．最愛のパパと結婚できないって？……………(50)
 10．おばあちゃんは男？……………………………(52)
 11．夢とお化けとファンタジー……………………(54)

おわりに………………………………………………(57)

はじめに

　《入門テキストシリーズ》は、どの一冊も、新入生の皆さんの一人一人に生き生きとした自発的な関心をもって専門課程に進んで貰うために、心の通い合う「水先案内人」を務めたいという志のもとに書かれています。本書『子供はみんな天才人類学者――文化人類学事始め』をその一冊として皆さんに届けられるのは、筆者のとても大きな喜びです。

　さて、子供がみんな文化人類学者で、しかも天才なのだとは一体どういうことでしょうか。この本のタイトルを見て、きっと意外な感じをもたれたことでしょう。専門の文化人類学者でも筆者のこの見解に賛成してくれる人は、そんなに多くないのかも知れません。

　しかしながら、文化人類学とは一般に、普遍性が乏しいと思われる何らかの物の見方や事柄に敢えて目を凝らす学問です。そして、今度はその結果得られた洞察を起点に、自分たちがそれまでは当然と受けとめていた物の見方を根本から問い直し、新たな理解の地平を切り開こうと試みるのです。本書の謎解きを楽しむ内に、何時の間にかこの学問に固有のこうした発想法に惹かれて、文化人類学の魅力に開眼して貰いたいと願っています。

山と山は相会わず、人と人は相まみえる

　《入門テキストシリーズ》の一冊として本書を刊行できて嬉しく思うのは、文化人類学こそが、「水先案内人」を今最も必要としている学問だと痛感しているからです。文化人類学は、日本のほとんどの小学校、中学校、高校では教えられていませんし、もちろん、そのどのレヴェルでも受験勉強とは無縁です。それゆえ、中学生や高校生にはかなり縁遠くて、いわば「未知の学問」だといってよいでしょう。これこそが、大学に入学したばかりの皆さんに文化人類学の「水先案内人」が欠かせないと考える、第一の理由です。

1．動かない社会、動く文化

　一方、アメリカでは小学校から一貫して文化人類学を学びます。また、この学問の教育に長い経験と伝統をもつ欧米諸国だけでなく、文化人類学は、今日世界中のどの国でも益々強くその重要性が認められて、確実に発展し続けています。近年、グローバリゼーションやIT技術が著しく進んで、情報や資本が国境を軽々と飛び越えて自由自在に行き交い、人と人とが直に交流し合う「国家横断関係」(transnational relation) が、国と国との間の国際関係（international relation）以上に重要になっているという認識がその背景にあります。今や「地球村」と呼ばれる状況が地球の隅々にまで拡張し、地球人としての普遍的な意識に照らして行動することを誰もが何処でも求められるようになり

ました。

　そこで、しっかりと心に留めておくべきことがあります。それは、社会（国家）は固定されて動かないのに、人は軽々と国や地域の境界を越え、文化が人と共に絶えず動いていることです。つまり、人と人との出会いや交流は、同時にそれぞれの内面を裏打ちしている文化と文化の出会いや交流でもあり、思いもかけない複雑で微妙な干渉が絶えず生まれているのです。

　植民地化される以前、ごく小さな人間集団に分かれて不断に移動・転住し、大陸各地で別の諸々の小さな人間集団と出会っては離合集散を繰り返した長い歴史をもつ東アフリカの人々は、そのことを処世の知恵としてよく弁えています。そしてそれを、たとえばスワヒリ語では、「山と山は相会わず、人と人は相まみえる」と言い表してきました。

2. 文化人類学という実践

　アメリカで小学校から文化人類学が教えられるのもまた、実は社会と文化の間に潜んでいるその複雑多岐なズレを人々が実感しているからです。アメリカ合衆国は、欧州各国や中米を初め、地球上の諸々の地域から移民が折々に繰返し波状的にやってきて、様々な先住民や黒人奴隷の子孫ともぶつかって入り交じり合う、巨大で混成的な一つの「世界」でした。

　それらのどの一群も、父祖の社会を遠く遙かに離れてはいても、各々の文化の伝統をしっかりと受け継いでそれを自己同一性や団結の拠り所としていて、実に逞しい、時には荒々しくさえもある自助の精神で開拓時代を生き抜きました。ただし、その過程で度々悲惨な衝突も経験して大きな禍根を今に残し、その生々しい記憶が骨身に染みついているのです。だからこそ、（複数形の）文化、culturesとは何かという身近で切実な課題を現場で考える文化人類学を生きた学問として小学校から学ぶことを、アメリカでは当然のことと見做してきました。

　ただし、ドイツからのユダヤ系移民だったフランツ・ボアズ（1858

〜1942）が創設した新しい学問であるアメリカの文化人類学は、必ずしも徒らに中立的な学問ではありません。異質なものにどこまでも寛容で、守旧的な一切の傾向を嫌って常識を打破し、研究者個人の自由で自発的な選択を重んじたボアズは実に多彩な弟子たちを育てますが、その中には移民や女性や黒人、同性愛者など、当時、社会的に周縁化されていた諸々の「境界人」（marginal person）が含まれていました。1920年代の深刻な人種差別の最中、アメリカを多様な「人種」が相互に理解し合って共存できる世界にする以外に人種主義を克服する方途がないと考えた「新しい黒人」運動が最後の希望を託したのも、まさに文化人類学のそうした開かれた精神でした。

　全ての文化はそれぞれが一つの統合された宇宙をなすがゆえに、文化の何か特定の部分を取り出して優劣を論じるのは不当だとする文化人類学の「文化相対主義」（cultural relativism）の理念は、実は、物質文化等で相対的に弱い立場にある先住民（「インディアン」）や黒人奴隷の子孫の文化を平等主義的に擁護する正当な手だてとなる、戦略的な思考の産物でした。

3．文化人類学に目覚めた日本

　これに反して、同質性の高い閉鎖的な風土があり、以心伝心の同調を原理とする「世間」が最重視されてきた日本では、伝統と伝統（文化と文化）の出会いを対象とする独自の思想や学問は生まれませんでした。だから、やがて太平洋戦争に発展する日米両文化の深刻な衝突の時期には、「鬼畜米英」と頑に言い募って相手を徒に排斥するばかりだったのです。

　一方、敵国としての日本を研究した文化人類学者ルース・ベネディクト（1887〜1948）はボアズの弟子の一人ですが、日系人収容キャンプでの現地調査を基に日本文化論『菊と刀』（1946）を著し、日本人も英米人と同じく理性的だけれども、その「文化の型」が異なっているのだと主張しました。20世紀後半の米国を代表する文化人類学者クリ

フォード・ギアーツ（1926〜2006）は、或る時『菊と刀』を熟読して、むしろ奇妙で無軌道なのは米国人の方だとしか思えなかったと述べています。

現地参与調査という形のラディカルなフィールドワークを重視して文化相対主義の姿勢を守り、時代の趨勢に流されず、時の政治思潮にもおもねらない『菊と刀』の学問的な姿勢に強く心惹かれた石田英一郎（1903〜1968）が、第2次世界大戦後、ボアズ流の総合的な文化人類学を東京大学に導入しました。そして、1970年代には山口昌男（1931〜2013）の活躍によって一時期文化人類学が時代の寵児と目される状況も生まれます。

しかし、小学校から一貫して文化人類学が教えられる米国のように、身に近い問題を考える学問として遇されては来なかったのです。その最たる原因は、日本が戦後も依然として強く同質的で、ＫＹという俗語に見るように、以心伝心で「空気を読む」ことが規範として深く内面化された社会であり続けてきた事実にこそあるでしょう。

Chapter 2 二十一世紀の日本と文化人類学

でも、いまや日本の事情は、客観的に見て劇的に変化しています。世界でも日本の少子高齢化は突出していて、急激な人口収縮の負の影響が日々実感される事態が現にあります。そして2019年、日本政府はついに実質上の移民容認に向けて従来の政策を大きく転換させました。2040年には、日本全国の半数以上の市町村で人口が今の七割弱になる

見通しで、外国人労働者無しでは従来の生活水準を維持する望みがないからです。また、近年日本を訪問する外国人観光客が急増して、2018年にはついに年間三千万人を上回りました。

1．身近な暮らしの学へ

それで、筆者が長年そうしてきたようにわざわざ遠いアフリカへ現地調査にもう赴かなくても、今や文化人類学の研究対象である異文化が向こうから身の回りに押し寄せてきて、至る所で日本文化と出会う時代になっているのです。強く同質的だった日本社会も、今後の人口の急激な減少過程で、否応なく多文化的で多元的な社会へと脱皮して行かざるを得ないはずです。

すると、これからの文化人類学の研究・教育が身の回りの日常生活の場面を対象とすることが増え、それと共に遠からず小学校から大学までの一貫した文化人類学教育が必ずや始められることになるでしょう。そしてそれは、市民一人一人が日頃文化人類学を実践して文化の出会いに伴う干渉を解決する手だてを見つけ、「異文化」経験を豊かで幸せな社会を建設するための知恵として生かすうえで、不可欠な後ろ楯となるに違いありません。

それゆえ、皆さんが今文化人類学を学び始めるに当たって何よりも大切なのは、生物学的な存在である「ヒト」を独自の社会的な存在である「人間」に各々固有の仕方で変える文化（cultures）を日常的な次元で捉えて、建設的な指針を発見できるような、捕らわれのない柔軟で自在なセンスを身に付けることだと言えます。

では、そのような実際的な文化人類学教育にとっての最良の先生とは、どんな人物なのでしょうか。驚かれるかも知れませんが、それは大学の既成の文化人類学の教員である以上に、実はむしろもっともっと身近な存在、すなわち幼い子供たちなのだと思えます。なにしろ、これから縷々具体的に述べて行くように、「子供はみんな天才人類学者」だからです。

実際私たち大人は、或る時、思いがけず目が覚めるほど鮮やかな啓示を子供たちから受けて驚き、生き返らされるほど新鮮な思いを経験をすることがあります。この本は、そのような具体例を幾つも紹介し、その子供たちの柔軟な発想を生み出すセンスにこそ文化人類学的思考の萌芽があることを指し示すことで、皆さんの「水先案内人」としての務めを果たしたいのです。

　それゆえ、皆さんが文化人類学の事始めとしてまず実践するべきことは、皆さんのすぐ身の回りにいる子供たちの日頃の言動に目を据え、その手探りの試みに秘められた知恵の閃きと論理展開の意外さ、面白さに気づいて、心の底から感嘆することだと言えます。

2．人類学者は何に似ているか

　以上のことは、実は文化人類学者が一面では幼い子供たちにとてもよく似ているという主張にもなります。この事実に気づいたのは、決して筆者が最初ではありません。アメリカの文化人類学界で重きをなしたJ・L ピーコック（1937〜）も、まさにその一人でした。

　筆者のまだ若かった時代、研究者当人のものと何処かで異なる文化を持った社会に長く住み込んで、その土地の人々にできるだけ近い感じ方・身の処し方を身に付け、その社会の種々雑多な事柄の体験と観察を通じて文化を内側から見通す「参与観察調査」を実践することに文化人類学者は努めました。そして、その成果を（民族誌に）纏めて研究者自身の文化に属する人々の理解と共感を得ることが、一人前の文化人類学者になるうえで必須の要件でした。

　そうした文化人類学者の調査地での日常のあり方を、ピーコックは、スパイ、精神分析医、社会奉仕活動家、宣教師、治療医、外交官、地域行政官など、様々な人々と比較しています。その試みの詳細を紹介できず残念ですが、彼は、これらの人物が皆、土地の社会と文化から一定の距離を確保する立場を採っていると鋭く指摘しています。一方、文化人類学者は誰も、子供、友人、親という土地の人々に親密な役割

を演じて距離を縮め、土地の言葉と慣習を苦労して学んで言語にも十分通じた対等な同僚と見做されるように努めると言います。

子供もまた、言葉と慣習を学ぶ試行錯誤を不断に重ね、一日も早く大人と肩を並べようと努力します。「はじめてのおつかい」という人気ＴＶ番組では、番組の主人公である子供たちのそうした健気な振舞を、往々探検や冒険に譬えているようです。

3．探検家、人類学者、子供

ところが、フランスの文化人類学者レヴィ＝ストロース（1908～2009）は、有名な『悲しき熱帯』の冒頭で「私は旅や探検家が嫌いだ」と、いきなり言い放ちます。ピーコックも、全ての探検は人跡未踏の土地を発見するという西欧的な動機によるもので、人力や技術力を大々的に動員して省みず、旅をする行為そのものの魅力にその一切が突き動かされていると述べました。また冒険は、予見できる危険を敢えて乗り越えて断行する力業への陶酔に力点があります。そのどちらの場合も、土地に深く馴染んで人々と一つに溶け合うことに意味を見出そうとはしていません。

他方、文化人類学者は、出来るだけ安全に調査地に赴きます。自分もその一員になろうとする社会の人々に、自らの危険で無謀な行為によって迷惑を及すことがないように心しているのです。レヴィ＝ストロースの「旅や探検家が嫌いだ」という誠に強烈な宣言は、このような謂いでした。その姿勢が「はじめてのおつかい」に出る子供に重なることに気づいて貰えることでしょう。その子は、道に迷わず、出来るだけ安全に目的地に着いて人々と心を通い合わせて力添えや励ましも得、無事におつかいを成し遂げようと望んでいるのです。

幾月も全く陽の光が差さない冬の北極圏の「極夜」を探検した角幡唯介（1976～）は、旅は自分にとって冒険でもあり、そうであれば命の危険が伴うと書きました。彼によると、探検の神髄は、未知の土地を見つけ出すことにではなく、文明という「人間社会のシステム」の

外側に出ることにこそあります。すると探検は、子供や文化人類学者の志向するものとは全く正反対の営みだと言えましょう。文化人類学者は、異なる文化をもつ別の「人間社会のシステム」の内側へ、また子供は自分の文化を支える「人間社会のシステム」そのものの内奥へと安らかに、且つ深く入って行き、人々と一つに溶け合うことを目指すのですから。

　文化人類学者のフィールドワークは、その時々の国際情勢やかれこれの個別的な原因によって不本意ながら不成功に終わることがあり、往々それを受け容れる勇気ある決断をすることが適切でさえもあり得ます。一方、幼い子供は、たとえ苦労があろうとも、ほぼ皆が無事に大人に育ちます。だから子供は、みんな小さな文化人類学者で、しかも天才的な文化人類学者なのです。

4．文化人類学者の二つのタイプ

　ところで、文化人類学者には、大きく別けて二つのタイプがあります。一方は、ともかくもフィールドワークが大好きで、土地の人々の暮らしの内面に深く通じ、人々の行ないと心理の細部にも眼が行き届いた充実した内容をもつ民族誌を書くタイプです。第一次世界大戦期に数年に亘る深い参与観察を人類学史上最初に実施した大きな功績のゆえに、現代人類学の創設者とも見做されているB・マリノフスキー（1884〜1942）が、その典型的な例です。しかし、彼のトロブリアンド諸島民の暮らしの分析と考察は、「分厚い記述」に貫かれた彼自身の豊かな民族誌に基づきながらも、人間を単純な有機体として捉えた平板なもので、いささか精彩を欠いています。

　もう一方は、最新の諸学の事情に深く通じて博覧強記ぶりを発揮し、目の覚めるように斬新な論議を存分に試みる、前述の山口昌男のようなタイプです。しかし、山口が綴った西アフリカや南アジアでの参与観察の報告には、マリノフスキーの言う「実生活の計量化されない部分」、例えば暮らしの静謐な流れやお祭りを巡る興奮とざわめきなど、

微妙でも取り違えようのない社会の実質の一部となっている事象を読み手が肌身に近く感じ取ることができ、まざまざとその様子を想像させてくれる真迫力に欠けているのです。これでは、文化人類学の学問的な独自性の柱である、参与観察の発見的な魅力を発揮できていません。

　筆者が心に思い描く文化人類学者の理想像は、生活に深く根ざして丹念な記述に徹するマリノフスキーのような観察者であり、同時に山口昌男のように勇気を以て大胆な解釈を試みる理論家でもある研究者です。しかしながら、そのような理想の文化人類学者として筆者が認め、心底尊敬できる専門家は、率直なところ決して多くはありません。

5．小さな文化人類学者

　でも、悲観するには及びません。その両面を兼ね備えた天分を誰もが分かち持っている、子供という素敵な存在があるからです。なにしろ、もし一人一人が「生活に深く根ざした観察者」であると共に「犀利な分析を試みる勇気ある理論家」でなければ、子供は誰一人として実際に社会の中で生きて、ヒトから人間へと脱皮できないでしょう。

　ヒトの子供は、動物の子供とは異なり、遺伝子が指定する種の本能で切り取られた形（ゲシュタルト）に則って生態的な環境に適応するのではありません。各々の人間集団が独自の言語の諸々の範疇によって切り取った、その人々に固有な文化的な環境（と「人間社会のシステム」）に適応しなければなりません。しかも、本能に頼らず、且つどんな知識も、またマニュアルも一切身に帯びていない無力な存在として、それを完璧に実践することになるのです。

　そう気づくと、一人一人の子供が筆者の敬愛すべき同僚である小さな文化人類学者に思えてきて、子供たち一人一人の健気な奮闘を心に思い描いて共感を覚え、限りなく愛おしく思えてくるのです。

　筆者が1979年7月から1980年3月まで南西ケニアのキプシギスの人々の間で行ったアフリカでの最初のフィールドワークで住み込んだ

村には、宿屋も食堂も電気も水道もガスも電話も無く、借りた小屋には便所も無くて、最初キプシギス語も全くできませんでした。衣食住の一切は固より、会話どころか排泄すらままならず、筆者はまるで一人の無力な赤ん坊そのものでした。そんな筆者は、大家さんであるエスタおばさんの息子のごとく村人に迎え入れられ、エスタの家族や村人との日々の交わりの中で言葉と慣習を一から学びながら、キプシギスの土地で生きてゆく者としての内面を、もう一度新たに作り上げることになったのでした。

Chapter 3 見直される受動的な子供観

　人々の間で暮らすに当たって、未知なる言語を一から学んで適応を始める点で、参与観察調査をする文化人学者は、赤ん坊に似ている一面を確かにもっていると言えます。それでも、筆者には、実際赤ん坊に比べてずっと有利な点が幾つもありました。

　若い男性の中には英語を理解する人が多くいましたし、女性でもケニアを含む東アフリカの共通語であるスワヒリ語の片言を話せる人が偶にはいました。さらに、キプシギス語とよく似たナンディ語に関する研究論文も、事前に何本か読んでいたので、参考にできました。

1．外なる心の小径、内なる心の小径

　筆者の場合、他にも、言語学者金田一京助（1882～1971）の随想「心の小径（こみち）」を中学時代に国語の教科書で読んだ記憶が蘇って

きて、現地調査に思いがけず大きく役立ちました。

　弱冠二十五歳の金田一は、樺太でアイヌ語の調査を一から手探りで始めたものの、遅々として捗りません。そこで或る時、紙にグルグルと線を描き殴ってみせると、子供たちが画面を覗き込んでは首をかしげて同じ語をしきりに口にしました。こうして手に入れた「何？」というアイヌ語の一語が突破口となって、それ以来資料の収集がずっと楽になりました。それからは調査も捗って人々とも心が通じ合い、自ずと友情を育んで行けたのでした。こうして、言葉を学べたことによって、互いの心に小径が通じ合ったというのです。

　筆者も、この方法を援用して自らキプシギス語の言葉を拾い集めつつ人々の中に分け入って、単語カードを日々充実させながら、やがて語彙集へ、辞書へと発展させました。

　さて、ここで「母子対関係」を鍵として子供の内面の形成と発展を捉えようとする、古典的ながらも母子間の「心の小径」を巡る多面的で魅力的な解釈を含む説を、合わせて紹介しましょう。この説によれば、生まれたばかりの赤ん坊は母親と一体化していて、肌の触れ合い、眼差し・表情・身振り・言葉などの交換による母親からの働きかけを受けとめては絶えず働き返す、相互行為の循環を通じて、徐々に内面を立ち上げて行きます。

　しかし、母親は勝手気儘に赤ん坊に働きかけるのでは決してありません。母親は、母親とはこう有るべきものだと社会が信じて母親に等しく寄せている期待に応え、その価値観に沿って意識的・無意識的に赤ん坊に働きかけるのです。こうして赤ん坊は、母親を親密な媒介役として社会の価値観を内面化しつつ、自己形成を図ることになります。しかも、社会（或いは世界）とはまさしく自分ならざる他者の総体のことです。だから、「自分になる」とは他者の期待に沿って自己形成すること、突き詰めれば「他人になる」ことだと言えます。

　こうして生物学的な「ヒト」という単独の存在が、社会・文化的な「人間」という類的存在へと不断に変成を遂げて行くのですが、他者

になることで初めて自分になれるという、この霊妙で逆説的な関係こそが、最初から遺伝子による本能の支配に身を委ねている他の生物とは全く異なる独特な生物としてのヒトの、誠に独特な成長（自己形成）のあり方なのです。

2．ヒトの言語の二重分節

ただし、この母子対関係論の子供観では、赤ん坊は、ほぼ一方的に受け身の存在ということにもなります。ヒト、言語、社会、人間の関係についてのこうした哲学的な考察とは別に、近年、赤ん坊や幼児が言葉を獲得する過程できわめて能動的であって、自分から絶えず積極的に外部環境に働きかけている事実を、言語学や脳科学が実証的に明らかにしています。

しかもそれは、金田一が「こころの小径」で描いてみせた単語獲得の次元以前の、音声を聞き分ける能力を獲得する段階から既に始まっているのだと言います。子供の能力の凄いところは、十分に言語を使える大人ならではの（例えば上の筆者の場合のような）他の人々の様々な経験に少しも頼ることなく、一人で、しかもまさに徒手空拳で生の世界に入り込んで行って、それほど長い時間を掛けずに、ほぼ妥当な仕方で言語を話し始めるところです。

ヒト以外の動物にも、それなりに言語と呼べるような音声コミュニケーションのシステムがあります。なかでも鳴鳥の「言語」は決して侮れません。鳥は、二本の鳴管を使ってとても精妙に発声します。他の鳥や動物の鳴き声ばかりでなく、自動車の排気音や電動鋸の振動音などの人工音までも実に忠実に再現することができてしばしば人間を驚かせてきました。また、二本の鳴管を通る息は一方通行なので、ヒトのように吸気と呼気が切り換わる度に入り交じらず、それゆえ長々と鳴き交わすこともできて自在なのです。つまり、音声を自由自在に作り出すという面では、鳥の「言語」は実に彩り豊かで、ヒトの言語を遙かに凌駕していると言えるでしょう。

しかしヒトは、有節言語と呼ばれ、連続して途切れることのない音の流れを音と意味の二重の次元で心の中で明確に区切る（分節する）という特徴をもった言語を使います。こうした言語をもつ動物は他にありません。一続きの切れ目のない発話（音声）をまず区切られた音の単位（音韻）の連続として捉え（第一次分節）、次に音の組み合わせを意味の単位として区切ります（第二次分節）。こうした仕組みは、ごく限られた数の音の無数の組み合わせを可能にし、区切られた各々の部分（単語）に固有の意味を与えることを、無限に繰り返すという掛け替えのない特徴をもっているのです。

それゆえに赤ん坊は、言葉を学び始めると、単語を問題にする以前に、まず各言語に特有の音声の聞き分け方（一次分節）を身に付けなければなりません。言語学は、次節で見る通り、この第一の段階から既に子供が驚くほど主体的で、実に能動的であることを説得的に明らかにしています。

3．区別する音を敢えて刈り込む

今日では、子供は胎生して数週間後にもう耳が聞こえ始め、90デシベルの胎内音だけでなく、母親の声もよく聞いていることが知られています。視力も誕生直後に0.01〜0.02はあって意外に強く、しかも受乳時に約20センチメートル先にある母親の目に焦点距離が合っています。その頻繁なアイ・コンタクトは、ヒトの母子対関係だけの特徴で、高等霊長類にも見られないものです。なお、赤ん坊がヒトの顔だけでなく猿の顔も個体識別できるほどの高い能力をもっていることが、実験で証明されました。また、赤ん坊が何時でも対象をじっと凝視する習性をもっているのは、その時に直面している新たな状況の中で次に取るべき行動をどうするべきなのか、的確な判断を下すためにすることだと見られています。

聴覚と発声について言えば、赤ちゃん語とも言える仕方での意思表示さえ行っています。すなわち、欠伸をする時の開口状態を再現して

出す「マーマー」という声で眠気を知らせます。一方、受乳する時のように舌先を唇の裏側に付けて、「ネー」という声を出すことによって空腹を訴えるのです。

　このごとく、赤ん坊は、先に見た古典的な「母子対関係」の哲学的な論理が想定していたような一義的に受け身である存在などでは決してなく、驚くほどに主体的で、外部環境に絶えず積極的に働きかけながら力強く生きようとしている健気な存在だったのです。

　赤ん坊には、多種多様な音声を聞き分ける力も十分にあります。いえ、それどころか、成人にはない高次元の識別能力さえあるのです。生後6ヵ月の日本人の赤ん坊には、例えば、成人した日本人にはほぼできない、LとRの音の違いを聞き分けることができます。ところが、驚くべきことに、生後一年でその能力が失われてしまいます。しかし、この一見後退とも思える事態もまた、実は赤ん坊自身の主体的で能動的な選択の結果なのです。

　現代の代表的な言語学者であるノーム・チョムスキー（1928〜）は、人間にとって言語は器官だとさえ言っています。彼は、人間の言語能力が生理的な基盤を持つものであること、言い換えればヒトは言語能力を本能とする動物だと考えているのです。つまり、赤ん坊がどの「人種」・民族の両親を持って生まれてこようが、それに一切関りなく、育って行く環境に合わせてどんな言語も自在に身に付けることができる存在だというわけです。

　さて、日本語ではLとRの音が（具体的な音声から抽象された言語音である音韻としては）全く区別されず、ラ行の子音として他の音から一括して区別（音素化）されます。日本人の赤ん坊がLとRを聞き分ける能力をやがて無くするのは、それゆえに、むしろLとRの音を区別しない方が能率よく言語（日本語）を使えて、一層システム適合的だからです。

　赤ん坊は、生れるとすぐに脳の神経単位（ニューロン、つまり神経細胞とその神経突起）の接合部（シナプス）の密度を高めて行き、7

〜8ヵ月目から1年目位にかけてその数が最高になると言います。なんと、シナプスの数は成人の一倍半にも達するのです。

　ところが、その後は生活環境に合わせて、過剰生産したシナプスを逆に刈り込み始めます。それは、生きるために是非とも必要なことにしっかりと焦点を合わせ、不必要になった（つまり、どんな環境にも適応できるように、別の可能性に備えて余分に用意されていた）部分を大胆に捨て去ることによって、より良い、効率的な大脳内の連携関係を達成するための選択なのです。これを「知覚の刈り込み」（perception narrowing）と呼びます。ただし、この刈り込みは、赤ん坊が育って行く（言語）環境が定まったことへの適応ですから、この時期にはまた、新たなシナプスがどんどん形成されても行くのです。

4．小さな理論家

　以上から、幼い子供が音声にきわめて主体的に反応し、働きかけ、自分自身の関わり方を自ら決めようとしていることがよく分かったことでしょう。言語に関して子供たちのそうした姿に最も強い関心を抱いてきたのは、無論、言語学の専門家です。わけても、一人の親として自分自身の子供と接する日々の暮らしの中の何気ない諸々の場面で、子供のそうした多感な姿を見出して、実に興味深い報告をしている研究者たちがいます。

　広瀬友紀もその一人で、自著で、例えば次のような面白い話を紹介しています。子供に「「は」にテンテンつけたら何ていう？」という質問をしてみると、分からないと答えるとか、「が」(ga) や、力んだ「は」(ha) に似た発音を編み出したりして、「珍回答」をする子供が少なくないと言うのです。

　ところが、実は、広瀬はそれを本気で「珍回答」だと思っているわけではありません。彼女は、「大人より子どものほうが、ことばで使われる音を客観的に整理できている」と思って、痛く感動したと述べています。では、広瀬をそのように不思議な感動に誘った原因は、一

体何だったのでしょうか。

　日本語の文字表記で濁点（テンテン）は、濁音を意味しています。濁音は、もう少し言語学的な言い方をすると（無声音に対する）有声音ということになります。無声音とは、声帯を震わせずに出す音、一方有声音とは、声帯を少し狭めて震わせながら出す音のことです。

　な行、ま行、や行、ら行に濁点が付かないのは、それらの行の子音が元々有声音だからです。それに対して、か行、さ行、た行の子音は無声音なので濁点が付いて、が行、ざ行、だ行の音になります。ところが、このような無声音と有声音の対応関係が、は行とば行の間には見られません。

　有声音である「ば」行の子音に無声音として対応するのは、実は半濁音の行である「ぱ」行の子音なのです。言い換えれば、日本語（学）の「清音／濁音」の対立関係と言語学で言う「無声音／有声音」の対立関係が等値であるという捉え方は、「は」行と「ば」行についてはそのままでは成り立たないということです。

　だから、広瀬の上の問に対して、分からないとか、「が」(ga) だとか、力んで「は」(ha) と発音したりして答えた子供の方が、大人よりも「ことばで使われる音を客観的に整理できている」と判断して、広瀬は感動してしまったのでした。実用的な経験に基づいた大人の「正答」よりも子供の「珍回答」の方が、（日本語学の回答としてはともかく）言語学的には、体系的な理解のあり方を示しているのです。

5．歴史という気まぐれ

　ここで、ついでながら、日本語における「は」行、「ば」行、「ぱ」行の「清音／濁音（濁点）」に関する不思議で例外的なあり方（いわば「三角関係」）がなぜ生じてしまったのか、さらにほんの少しだけ踏み込んで考えてみましょう。

　この際に決定的な要素となるのが、日本（語）の長い歴史です。まず、今日の「は」行の音は、古代は「ぱ」行の音だったことが今では

明らかになっています。広瀬も言っているように、「ひよこが「ぴよぴよ」鳴くのも、ひかりが「ぴかり」と光るのも」、それに関係があります。さらに、「「ぱたぱた」はたく」とか、「「ぱらぱら」はらう」という例を証拠として付け加えることができます。

また、「は」行の語の意味を強調する場合にも、「ぱ」行の音への変化がしばしば現れます。その例を幾つか挙げれば、「はがす／おっぱがす」、「はたく／ひっぱたく」、「はらう／おっぱらう」、「ふす／つっぷす」、「ほおりだす／おっぽりだす」があります。くわえて、「にほん／にっぽん」の関係を挙げることも出来るでしょう。なお、「にほん」の音の響きのもつたおやかな語感に対して、「にっぽん」には、「だいにっぽんていこく」や「腕っぷし」という表現に通じる力みが感じられるように思われます。

古代の「ぱ」行の音（両唇音）は、中世になると「ふぁ」行の音に変わっていることを、来日した宣教師ホアン・ロドリゲスの手になる17世紀初頭の『日本大文典』などで確かめることができます。また、16世紀初めの複数の謎々遊びの本の中にも、現代日本語に移すと「母には二度会うが、父には一度も会わない」という意味の謎々が載せられています。この謎の答は、唇です。唇が正解だとすれば、その心は上唇と下唇が合うということですから、母は「はは」ではなく、「ふぁふぁ」というふうに上下の唇が触れ合う音（両唇音）で発音されていたことが分かるのです。

以上のことから、「は」行、「ば」行、「ぱ」行の間に見られる例外的な「三角関係」は、歴史的な過程での音の変化の影響に原因があって、それゆえに不規則が生じる結果になったのだと分かって貰えたことでしょう。発音の体系性を乱す半濁音という概念や半濁点（「゜」）という表示記号は、その不規則な現実への苦し紛れの対処、ないしは工夫でした。大人よりもむしろ「ことばで使われる音を客観的に整理できている」と、子供の「珍回答」に広瀬が感動した理由を、これで一層よく分かって貰えたと思います。

6．歴史家と哲学者

　筆者にとって感慨深いのは、広瀬の言語学的な問に対して幼い子供たちがいわば哲学者のように一貫した論理を武器に懸命に格闘しているのに、大人がほとんど「ありのままの現実」を特に疑問を呈することもなく実に「素直に」受け入れているという、両者の鋭く対照的なあり方です。

　既に起きてしまったことをもうどうにも動かしようのない「客観的な」事実として受け入れ、それを出発点として諸々の物事を整理して考えて行くというのは、冷静で覚めた歴史家に典型的に見られる姿勢です。つまり、少なくとも言葉に関しては、子供はいわば哲学者であり、大人はまるで歴史家なのだと見ることができるでしょう。

　両者の態度のこの違いには、大人が文字の読み書きに深く馴染んで暮らしているのに反して、子供がまだ文字にそれほど頼ることなく、半ば話し言葉の世界に留まっているという事実が深く関わっていると思われます。なにしろ子供は、話し言葉による言語活動については、自分自身による日々の直接的な観察や経験を通じて、今現に使われている膨大な単語の雑多な音を聞き分けて自分なりに分類し、それなりの整理の仕方を推理して生きて行かなければなりません。

　言語の実際の時代的な変遷を複雑に反映しながら、社会の慣用として徐々に選び取られてきた文字表記は、幾多の妥協も経て今日行われているあり方（正書法）に辿り着きました。大人は、様々な歴史的な残骸も含み込んでいるその文字（表記）のシステムを、それに起因する諸々のずれごとそのまま飲み込んでしまっているのです。だから大人は、子供の一貫した論理に基づく独自の推論や大胆な工夫、或いはその毅然とした主張と実践に出会って驚き、目を開かされ、往々粛然として深く何かを学ばされることになります。

　先に紹介した広瀬のもののように込み入った議論を手際よく展開するには、或る程度、言語学や日本語学の専門的な素養の裏付けがいるかも知れません。ただし、そうでなくとも、哲学者としての子供の姿

に接して驚くという経験は、子供に対する敬意を抱いて彼らの言語活動に接しようとしている限り、恐らく誰にでも期待できることだと言えます。そこで、そうした一例を次に紹介しておきましょう。

　筆者の古くからの友人であるＮさんは、幼い息子さんが言葉を覚えて行く段階で、不思議な発音をすることに気づきました。「さ」行を「さ、し、す、せ、そ」ではなく、「さ、スィ（si）、す、せ、そ」、また「た」行を「た、ち、つ、て、と」の代わりに、「た、ティ（ti）、トゥ（tu）、て、と」と発音したのです。

　しかも、それはまだローマ字を覚える以前のことでした。だから、ローマ字の文字表記の規則性、つまり子音（ｓかｔ）と母音（a、i、u、e、o）を組み合わせて「さ」行と「た」行を表記することを視覚的に学んでその規則性を知った結果、「スィ（si）」、「ティ（ti）」、「トゥ（tu）」の音を選び出したというわけではないのです。Ｎさんの幼い息子さんは、五十音の各行が一貫した発音規則を持っているという仮説を自分なりに立て、その仮説に基づいて「スィ（si）」、「ティ（ti）」、「トゥ（tu）」の音を選んだのだと考えなければなりません。

　Ｎさんは、息子さんの一見奇妙な発音に触れて、あらためて、自分たち大人が当然のように受け入れてきた「さ」行と「た」行の音の構成の不規則性に気付かされたのでした。仮に「さ」行と「た」行の音をローマ字で表記してみれば、「sa、<u>shi</u>、su、se、so」と「ta、<u>chi</u>、<u>tsu</u>、te、to」となり、大人が日頃それを意識していない盲点とも言うべき、意外な不規則性が歴然と浮かび上がってくるのです。

　なおＮさんは文化人類学者で、長い経験をもつ鋭敏なフィールドワーカーとして尊敬されている人です。筆者は、このエピソードを聞いて、敬意を新たにしたものでした。

Chapter 4 象徴の森に分け入って

　前の第三章では、子供が言語を獲得する第一歩として音の分節（第一次分節）を理解する段階でも、もう既にきわめて強い主体性をもって能動的に働きかけているのだと論じました。この第四章では、子供が言語を獲得する過程でその次に来る段階である、単語と意味に関する分節（第二次分節）について考えてみることにしましょう。
　筆者が主張したいのは、この場合も子供がやはりとても能動的だということ、またこの段階でもそうした子供の姿に深く関心を抱いてつぶさに観察してみると、実に様々な発見が随所にあり、時には目の覚めるような思いに誘われることがあるということです。

1. 全てのものに名前がある

　子供が言語を獲得する過程を一瞬のドラマに凝縮して教えてくれるのは、何といっても、盲聾唖の人々の福祉のために生涯を捧げた、ヘレン・ケラー（1880〜1968）の有名な自伝です。この節では、その中でも特に劇的な一場面の意味を考えてみましょう。
　ヘレン・ケラーは、生後19ヵ月で重病に罹り、目と耳の力をほぼ失い、間もなく口を利くことも出来なくなりました。6歳の時にM・サリバン先生が住み込みの家庭教師としてヘレンの家にやってきて、なんと僅か一月も経たない内に彼女に言語が一体どんなものであるかを悟らせることに成功します。ヘレンとサリバン先生の物語は、『奇跡の人』（サリバン先生のこと）という映画にもなりましたから、その場面について知っている人もきっといることでしょう。

Chapter 4 象徴の森に分け入って

　さて、サリバン先生も、最初はヘレンの頑さに手を焼きます。先生は、ヘレンにまだ残されている感覚である触覚を利用して、言葉を教えようとしました。それで、先生は贈り物の人形をヘレンの膝の上に置いてから、dollという文字をヘレンの掌に指先でゆっくりと綴って、ヘレンがその真似をするように教えました。ヘレンは、そうできることに誇りを感じて喜びます。そして、この遊びを繰返し、間もなくdollと綴れるようになります。しかしながら、まだその時には自分では単語を綴っているという意識もなかった、それどころか単語が存在することも知らなかったと、後にヘレンが語っています。

　それから、サリバン先生は、例えば湯飲みがmugで水がwaterであることを、上と同じ仕方で分からせようとします。でも、ヘレンは何時までもそれら二対の組み合わせを繰り返し混同し続けた挙げ句、癇癪を起こして投げ出すという、絶望的な状況が暫く続きました。ところが、その状況が一変する、劇的な瞬間が突如訪れることになります。

　或る日のこと、サリバン先生は、明るく日が差している美しい井戸小屋の傍らでヘレンの片手を井戸水に浸しました。そして、冷たい水がヘレンの手に迸ったまさにその時に、もう一方の手の掌に指でwaterと字を綴ったのでした。まさに、この時ヘレンの内面に何らかの決定的な変化が起きたのでした。何か長い間忘れていたらしい事柄が遠くの霧の彼方から俄に蘇ってきたような感覚を覚え、思わず身震いするのでした。この時に言語の神秘が啓示されたのだと、彼女は語っています。

　そして、その日、彼女はとても沢山の単語を一気に覚えます。それに加えて間もなく、愛というような抽象的な概念や、考えるという思考の過程なども、それらに名前があることを知ったがゆえに理解できるようになります。こうして、ヘレンは俄に言語の世界へと飛び込んで行ったのです——まるで鏡の裏側の世界へ滑り込んで行く鏡の国のアリスのように。

2．最初の分節

　前節で素描した井戸辺でのヘレン・ケラーの奇跡的な経験は、それを知った人々の心を強く打ち、しばしば「最初の一語」を獲得した経験として語られてきました。その最初の一語の獲得によって、彼女に言語の世界が一挙に開けたというのです。

　言語の思想家であった丸山圭三郎（1933～1993）は、これに対して強く異を唱えました。その場合のwaterは実体的な一語などではなくて、「最初の分節」なのだと。すなわち、"water／non-water"（大雑把に言えば「水／非水」）の差異化と見なければならず、それに気付いたことこそがヘレンの内面に活性をもたらしたのだと主張しました。

　丸山の意図するところを、もう少し分かりやすく解題してみましょう。ヘレンに「言語の神秘の啓示」の瞬間が訪れるまで、彼女は片手に水というモノ（それ自体で存在する「自存的な」単体）そのものを知覚していました。ところが、その片方の掌に水の迸りを、もう一方の掌にはwaterという形を同時に知覚した瞬間に、その水の知覚とwaterという字の形の知覚とが突如結び付きました。この時に、waterという（字の）形は、それが差し向けられる指向対象として「水」を初めて獲得したのです。この関係性が、それまで全く存在していなかった意味というものを一気に生み出しました。それを生み出したものが、"water／non-water"の差異化の作用だったのであり、その作用の理解こそが肝心なのだと丸山は言うのです。

　ヘレンにとっての外部環境は、"water／non-water"として最初の（第二次）分節を受け、次にその"non-water"の部分で相次いで分節が繰り返され、その結果、ヘレンの内面で意味の網目が刻々緻密になって行きました——こうして、ヘレンは沢山の単語をその日の内に覚えます。言葉による差異化という「関係の場」では、ある範疇（カテゴリー）Nは、範疇N以外の一切の範疇（Ñ）ではないもの（($\tilde{\tilde{N}}$)）として意味付けられます。

　つまり、或るモノ（実体）が言葉の分節による関係の場へと一旦組

み込まれると、それは文化の中でのみ意味をもつコトに変化して、そこから新たな存在の仕方を始めるのです。今の場合、water が指し示しているのは、実体としてヘレンが知覚している掌に迸る冷たい井戸水（だけ）ではなく、water という形が差し向けられ得るあらゆる意味での水一切、つまり「水でないもの」でないものの全てなのです。

3．人間、人形、電車

　ヘレン・ケラーは、見えず、聞こえず、話せないという、コミュニケーションに関するきわめて重大な三重の障害をもっていました。ところが、天才的な指導者の手によって言葉の作用の原理（〔二重〕分節による差異化）についての根源的な覚醒に導かれると、長年言葉の壁で塞き止められてきた彼女の内的な力の充溢がその壁を一気に突き破ります。こうして、ヘレンが言葉の世界にいわば爆発的に飛び込んで行ったのは、無論、彼女の稀有な天分があってこその奇跡でもありました。

　しかしながら、ごく普通の子供の誰もがまた、やはり或る機会に、まずふと「最初の（第二次）分節」を体得し、それから外部環境の差異の網目を徐々に密に張り巡らして行くのです。だから、原理的には、ゆっくりとではあれ当然ヘレンと全く同じく仕方で言葉の世界、つまり「象徴の森」へと分け入って行くことになります。

　ヘレンの言葉の世界への劇的な跳躍を仮に核爆発に譬えることが許されるなら、普通の子供の象徴の森へ向かうゆるやかな歩みは、原子炉内の穏やかに制御された核反応に比定することができるでしょう。丸山圭三郎は、或る時、三歳ほどの一人の少女が（筆者のいう）「原子炉」のような反応を見せつつ、まさに象徴の森へと分け入ろうとしている現場をふと目撃して、その状況を次のように鋭敏に書き留めて分析しています。

　走っている空いた電車の中でのことです。その少女は、座席に座り、手の届く辺りの窓枠や座席の布を摩って、「デンシャ、デンシャ」と

習いたての単語を口ずさみました。そして、首をかしげながら、「ママ、デンシャって人間？ それともお人形？」と、誠に奇妙な質問をしたのです。言葉の世界では、子供が慣れ親しんできた言葉以前の（身体を媒介にした）運動＝感覚的な仕方に忠実な仕方で知覚対象を分節しようとすると——大人たちはもう既にその感覚をすっかり忘れ去っているのですが——容易に腑に落ちそうにないことの方がむしろ多いのです。だからこそ、そんな一見奇妙な質問をすることになったのだと、丸山は考えています。

丸山の推測によれば、その少女は既に人間や人形という単語を知っていました。人間と人形は姿がよく似ていても、人間が「動いて、柔らかく、温かい」範疇に属するのに対して、人形は「動かず、硬く、冷たい」という範疇に属しています。デンシャという新しい単語を習ったばかりの少女は、両者の差異をなす属性の三つの対関係を援用して、電車を「動いて、硬く、冷たい」という三つの属性の全く新しい別の組み合わせの範疇に属するものとして捉えて理解しようとしていたのだと、丸山は分析しました——その試みを敢えて筆者なりに図示すれば、図1のようになるでしょうか。

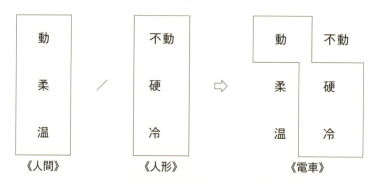

図1．人間・人形概念から電車概念へ

つまり、この一例を紹介したうえで、こうした仕方で、「くりかえし、くりかえし命名を通して、知覚の上に刻一刻と密になる認識の網目がかぶせられ、本能図式は言葉による再編成を強いられる」のだと丸山

は言います。

4．神の命名、人間の命名

ただし、その命名には二通りの仕方、すなわち二つの全く異なる作用があるとし、丸山はそれを「神の言葉」と「アダムの言葉」と呼びます。

『旧約聖書』「創世記」第一章第三節には、「神は言われた。『光あれ』。こうして、光があった」（新共同訳、以下同じ）と書かれています。同じ趣旨のことを、『新約聖書』「ヨハネによる福音書」は、「初めに言（ことば）があった。言は神と共にあった。この言は、初めに神と共にあった。万物は言によって成った。言によらず成ったものは何一つなかった」と記しています。この場合、命名は、それまで何処にも存在していなかったものを生み出して世界へともたらす営為（第一次的命名作用）となっています。

他方、「創世記」第二章第一九節は、こう言います。「主なる神は、野のあらゆる獣、空のあらゆる鳥を土で形づくり、人のところへ持って来て、人がそれぞれをどう呼ぶか見ておられた。人が呼ぶと、それはすべて、生き物の名となった」。つまり、人（アダム）による命名は、既に分節され、整理されて存在している事物に名前を付けること、いわば物にレッテルを貼るように分類する行為（第二次的命名作用）なのです。

或る決まった尺度によって、本来別々である種々雑多なものを一つの範疇に纏めて括ることを、カテゴリー化（範疇化）と言います。森羅万象、つまりありとあらゆるものをカテゴリー化して意味の纏まりを作り出せるのは、言葉という象徴を操る人間に特有な能力です。この意味で、人間的な意味の世界を創り出す言語は、世界に意味を与え、非在のもの現前させる（目の前にもたらす）「根源的な存在喚起力」なのだと言えます。

以上のことを理解するには、丸山が掲げた図を筆者が思い切って簡

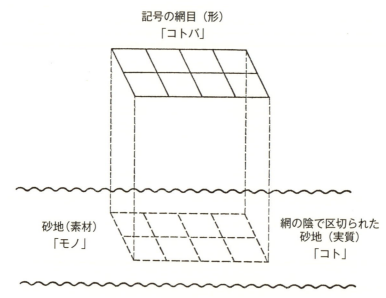

図2．存在を喚起する言葉の作用
(出所：丸山1984：211より作製)

略化した、図2が助けとなるでしょう。

　自然とは、ずっとどこまでも連続していて、本来どこにも切れ目のないものです。仮に、自然を砂場の砂地に譬えることができるでしょう。一方言葉は、いわばその砂地の上方に掲げた網のようなものですが、その網の砂場に落ちた陰である網目は、砂場の砂を実体的に区切ることは全くないのですが、視覚的には砂地を区切る（差異化する）ことができます。この区切り（範疇）は陰であり、実体（モノ）ではなくても、言葉の分節による関係の場へと組み込まれることによって、新たな存在のあり方を実現し始めることになります。すなわち、モノ（素材としての砂地）をコトに変えるのです。

　そして、多くの人がその範疇を同じように認知して、それに同じように働きかけると、その結果、それまでに何処にも存在していなかった（非在の）ものが現に目の前に呼び出されて存在を開始（現前）し

ます。たとえば、オカネ（という非在のもの）を考えてみると、そのあり方が分かり易いでしょう。そのオカネ（コト）も、多くの人々が信用しなくなるとコトとしての力（意味）を失って、ただの小さな長方形の紙切れ（モノ、素材）に戻ってしまいます。

5．語ることは名付けること

　さて、上に述べた最初の網（例えば日本語）とは個々の網目の形や大きさが異なる別の網（例えば英語）を砂場の上に掲げると、今度は、その網の陰が新たに同じ砂場に落ちて、先の網とは異なる仕方でその砂地を視覚的に区切ることになります。すると、その区切り方が最初の（日本語の）区切り方とは異なるので、個々の範疇や概念にずれが生じることになるのです。その区切りが現実に存在していると信じて多くの人々が同じ姿勢でそれに働きかける（英語を使う）と、今度は最初のものとは異なる諸々の存在が一セット（英語によって認識されるものの総体）として呼び出されることになります。

　最初の網を（既に暗示しておいた通りに）日本語、次の網を英語と考えてみましょう。すると、網目は重なり合いながらも、当然ずれ合います。例えば、「サカナ」と"fish"を例として、重なりとずれが生まれている現場の一例を考えてみましょう。日本語の「サカナ」には、鯨や海豚や鯱が含まれます。他方、英語のfishには、貝（shellfish）、ヒトデ（starfish）、烏賊（cuttlefish）、水母（jellyfish）、蛸（devilfish）なども含まれています。こうして両者を比較してみると、「サカナ」と"fish"は大きな部分では重なり合いながらも、幾分ずれ合っていることがよく分かるはずです。

　連続した対象（砂地）のどの部分をどう区切るかも、またその各々の区切りに（「サカナ」、"fish"など）どんなふうに命名をするかも、それぞれの言語（の勝手）次第で、絶対にこれでなければならないという基準は、全く何処にもありません。これを、構造言語学者フェルディナン・ド・ソシュール（1857～1913）は、「言語の二重の恣意性」

と呼びました。つまり、言語はそれぞれの文化に従って、決して無前提にではありませんが、かなり自由自在に様々な存在を独自の仕方で喚起しているのです。

　幼い子供にとっては、どんなものも、その名前を知った時に初めて存在を開始します。名前を持つとは、種々雑多なもの、言い換えれば「諸々の差異」が構造的な同一性で括られる（範疇化される）ということですね。すると、それ自体で他から独立して存在している（自存している）と思っていたものが、実は言葉が差し向けられる「指向対象」だったのだと納得できるでしょう。

　つまり、命名するとは、外部環境を或る解釈によって切り取って差異化することなのです。それゆえに、丸山は「〈語る〉ことは真の意味で〈名づける〉こと」だと言いました。

　すると、先の少女が、デンシャという単語を理解しようとして、諸々の差異がどのように構造的な同一性で括られているかを身体で確認しながらゆっくりと吟味していたのだということに気付かされ、その子の哲学者としての真率な姿に感動させられるのではないでしょうか。

　もっとも、こう考える時、丸山が「神の言葉」と「アダムの言葉」（人の言葉）を峻別していたことを、思い切って相対化する必要ありそうです。少なくとも幼い子供にとって、たとえ「アダムの言葉」のあり方（レッテル貼り）の場合であっても、新しい単語を知ることは、その単語で括られている差異の構造的な同一性を理解することです。だから、その単語が差し向けられる「指向対象」を、（自分自身にとっては）初めてこの世界に存在させることになるのですから。

6. しゃぼんだま、おひさま、ゆきだるま

　前節では、話が少しばかり理屈っぽくなり過ぎましたね。そこで、この辺りでもう一度、私たちの眼差しを小さな子供の身辺の素朴な事象へと向け直すことにしましょう。

　筆者には、丸山のように幼い子供が誰か「象徴の森」へと今まさに

Chapter 4　象徴の森に分け入って

分け入ろうとしている現場に遭遇して、その姿を間近に観察する、胸踊るような機会に恵まれたことは残念ながらまだありません。ただし、それでも、もっと幼い一歳から二歳くらいの子供が、「象徴の森」の入口で立ち止まってまごまごしているあどけない姿には、かなり日常的に接してきました。というのも、そのまごまごしている幼い子供とは、他でもなく筆者自身の孫（娘）だからです。

孫娘は、とても活動的な子なのですが、言葉の習得は決して早い方ではなく、ごく限られた単語しかまだ口にしません。それでも、この子の言葉使いに、なかなか面白いものがあることを発見しました。それは、たった一音で単語を代用しようとすることです。

「おひさま」、「おつきさま」、「しゃぼんだま」、「ゆきだるま」のいずれも単に「ま」と言うのです。どれも、四つ以上の音でできた「長い」単語ですね。赤ちゃんに近い子供が覚えるには、確かに長すぎるのかも知れません。そうそう、もっと幼い時には、「せみ」や「うみ」という二つの音でできた「短い」単語も、「み」でしたから。

ここで気付くのは、孫娘が最初に口にした言葉である「み」も「ま」も、赤ん坊が最初に聞き分け、発声する両唇音のmに母音が加わった（日本語の特徴である開音節構造〔子音＋母音〕の）形の音であることです。眠いことを「まー、まー」という発声で知らせる「赤ちゃん言葉」が存在することは、第三章第3節で触れておきました。

今想起するのは、単語の音数（や拍数〔モーラ〕）が少ないほど親密な感じを与え、多いほど疎遠な感じを与えるという、世界共通で普遍的とも言える民俗的感覚が存在することです。

例えば、英語では、人の身近にいるペット（dog, cat）や家畜（cow, ox, bull, calf, pig, sheep, goatなど）や狩猟獣〔ゲーム〕（fox, deer, boar, hareなど）の名称は、単音節ですね。またごく遠方の獣は、hippopotamus, crocodile, alligator, kangarooなど、多音節の名前を与えられています。ちなみに、身体の重要な部位も、日本語では目、手、歯、毛、胃、血のように単音節の名称をもつものが多いと言えます。

33

筆者の子供たちが学んだ拙宅の近くの幼稚園では、こうした感覚を尊重して、年中組（五歳児級）には二音節のアリ、カメ、カニ、エビ、他方年長組（六歳児級）には三音節のトンボ、スズメ、カエル、メダカという、園の池の周りで見られる無害で小さな生き物の名称を付けていました。なお、年少組（四歳児）の組が存在しないのも、その池の周りに単音節の無害な生き物がいない事実にピッタリと符合していて、実に面白く感じたものでした。

7．本能的身体と文化的身体

　もう一つ面白く感じられるのは、幼い孫娘が語頭ではなく、語尾の一音によって言葉を整理して範疇化を試みようとしていることです。何でもないことのようですが、日本語のあらゆる辞書やdirectory（住所氏名録・名鑑）が語頭の音に従って五十音順に項目を分類・整理している事実と対照的なのが、実に興味深いのです。外国の場合、それがアルファベット順で行われるわけですが、原理は全く同じです。

　最近では逆引き辞典というものがありますね。その理由は、分類をするにはその方が好都合な場合が少なくないからでしょう。例えば、ネズミキツネザルという単語の場合、ネズミやキツネで修飾される本体は、語尾のサルの方ですね。ニホンザルとかカニクイザルとかクモザルとかの他のサルなどが、構造的に同一なものとして、サルという概念で一括りにされているから、語尾に来るサル（の語頭音のサ）を分類の指標とするのが合理的でしょう。ニッポンシマカの場合は、カ（蚊）が単音節語なので、孫娘との比較として、一層分かりやすいでしょう。

　孫娘の「み」や「ま」を繰り返し聞いていて、その都度その意味を推定しているうちに、実に妙なことに、ふと大人たちのやり方の方が変なのかも知れないとさえ感じられてきたものでした。

　恐らく、ここにも象徴の森に分け入って言葉の意味の世界で生きることをまだ始め切れていない幼い子供と、象徴の森に既に確かに分け

入っていて、日々さらに深く分け入ろうとしているもう少し大きな子供との感覚の、決定的な差があるように思えます。話し言葉では、耳に最も強い印象を残すのは、（単語の意味にとらわれない単純に物理的な次元では）最後に発声される音のはずで、ごく幼い子供はその音の残響に構造的な同一性を見い出す手掛かりにしようとし、それをカテゴリー化の最初のレッスンにしているのではないでしょうか。

丸山圭三郎は、言葉によって「世界が差異化されると同時に、私たちの身と意識の方も差異化されるという相互作用を見逃してはなるまい」と述べて、注意を喚起しました。つまり、言葉を習得することによって「本能的感覚＝運動の次元から文化的世界への飛躍」が起きるというのです。

すると、文化化された身体を生きる段階の子供は、単語を基準とする意味の次元（第二次分節）で言葉を捉えるので、当然単語の語頭を分類・整理のための指標に選ぶことになるでしょう。一方、まだ十分に文化化される以前の「本能的感覚＝運動の次元」の身体を持つごく幼い子供は、物理的に最も強く耳に残る最後の発声音を指標として単語を整理・分類しようとするのが普通ではないでしょうか。読み聞かせ教室を主宰するお母さんたちによると、その年齢のごく幼い子供たちは皆、末尾の音で単語を分類しようとするということでした。面白いですね。

8．頭からも尻尾からも聞く

孫娘のお陰で、言葉を頭から捉えるばかりでなく尻尾からも捉えられるのだという事実に気付くことができたのは、一つの驚きでした。また、思いがけない喜びでした。

そして、この視点を得たことで、日本古典文学に独特な掛け詞や縁語の多用、或いは江戸近代以来、現代にまで到る地口（いわゆる「おやじギャク」）好きであるという、我が国の言語文化に特有のあり方を考え、一つの示唆を得ることができたと思っています。ただし、こ

こで問題になるのは、話し言葉中心の世界と書き言葉中心の世界の対比です。

　言語学者の大野晋（1919〜2008）は、日本の古代文学で掛け詞や縁語、特に枕詞が成り立っていたのは、一つの単語が必ずしも常にひとつの意味だけをもつのではないという約束があったゆえだと言いました。古代の人々は、非常に早口な現代人とは違って、一つの音から一つの意味だけを即座に思い浮かべるのではなく、相手の発言が終わるまでおっとりと待っていたと言います。だから、上からの繋がりではAの意味になるはずだけれど、下からの繋がりではBの意味になるという、掛け詞の表現が自ずと生まれることになったと見たのです。そして、それらは、基本的には文字不在の言語生活をする社会に特徴的な技術だと考えました。

　大野の考えを知って、言葉を目で見てすらすら読み進めて行くのは、印刷された文字に言葉が縛られた状態に特有の慣習であることに、筆者は初めて気付かされたのでした。言語の前衛的な実験を大胆に実践したアイルランドの小説家ジェームズ・ジョイス（1882〜1941）は、そのような文字社会の窮屈な軛から言葉を解き放ってもっとゆるい状態に置いてやり、言葉のもつ二重の意味を絶えず呼び覚まし続けることを通じて、素朴な原始性に富む活性を回復しようと思っていた。大野は、ジョイスをこのように評しました。

　その大野と対談した丸谷才一（1925〜2012）もまた、ジョイスの言葉やシェイクスピアの言葉では、語呂合わせが必ずしも滑稽なものではなかったと言い、この点が日本の古典文学の場合と同じだと指摘しました。そして、耳で聞く言葉の楽しさを生かしたいと望んであのような不思議な語の広がりをもつ独特の作品を書いたというのが、彼ら二人のジョイスの作品についての評の核心をなしています。

　さて、孫娘の場合、やがて「最初の（第二次）分節」を知って、文化化された身体を獲得するようになると、「ま」は意味に沿って「さま（様）」、「たま（球）」、「だるま（達磨）」などへと分岐させて範疇

化して行くに違いありません。そして、「ま」とか「み」という単音節語で言葉の分類を試みて筆者を驚かせ、楽しませてくれたことがあったことなどは、綺麗さっぱりと忘れ去ってしまうことでしょう。しかし、その道筋で、日本文学や英文学の深い理解に繋がる可能性にさえも開かれた思索の時を「小さな言語学者」が暫し恵んでくれたことを、筆者は決して忘れないでしょう。

Chapter 5 幼い文化人類学者たち

　赤ん坊や幼い子供が言語を身に付けて行く時、音声の聞き分け（第一次分節）や意味の切り分け（第二次分節）の習得過程で、いわば自ら仮説を立て、考量して判断する大胆な「理論家」としての姿を見せてくれることを、ここまで様々な角度から描いてきました。子供たちが日々耳にする大人の会話は実用本意で、大概はきちんとした（文字言葉のような）文にはなってはいません。それにも拘らず、その時に働いている言葉の論理を推定して自ら組み立てられる何らかの精妙な能力を、子供は生まれながらにもっているのです。

1. 子供と芸術家

　無論、子供も往々「遣りすぎ」(過剰な一般化) の誤りを犯して、親などの大人に矯正されることがあります。ただ、その一方で、「さ行」や「た行」のあるべき発音（つまり「さ、スィ、す、せ、そ」や「た、ティ、トゥ、て、と」）を実践した場合のように、歴史的経緯や結果

という超越的な一事をもって、子供の体系立った推論が是非もなく捩じ伏せられるのが常です。そして子供は、その時、割り切れない思いを抱き、きっと蟠りを覚えることになるでしょう。

子供たちの多くは、そんな経験の繰り返しの中で何時の間にか「常識」を受入れる安易な決着に慣れて、平凡な常識人になって行きます。これが文化化（enculturation）、または社会化（socialization）と呼ばれる成長過程の副作用の一つです。学校教育（schooling）が、その副作用の制度的な背景にもなる一側面をもっていることは、残念ながら否めません。

言語で作られている人間に特有の世界とその秩序、つまり文化への根源的な違和感を大人になってもずっと持ち続け、作品として誰よりも先鋭にそれを表現するのが、才能ある芸術家たちです。絶えず常識を疑い、撃ち据えて相対化しようとする芸術家たちを、どれだけ多様に、且つどれだけ自由に受け入れられるかが、どの時代にも一つの社会の懐の深さや度量の大きさを示して、その文化の豊かさを枠付ける重要な尺度になってきました。

この本の狙いに沿った判断を仰げば、芸術家たちが幼い子供に似ていて、いわば彼らは永遠の良き子供なのだと言っても、きっと叱られないで済むでしょう。芸術家たちの方でもまた、子供たちが世界に向ける眼差しの鋭敏さに、感嘆を惜しんでいません。

アメリカの詩人（で随筆家の）ヘンリー・ソロー（1817～1862）は、人里離れた小さな湖の辺りの森林に隠遁して、暫く自給自足の生活を送りました。その彼が、子供は誰も、或る程度まで世界を再び初めから生きる存在だと言いました。本書がここまで延々と綴ってきた内容が、まさしく子供たちが「世界を再び初めから生きる」様子のかれこれの具体的な描写と、それについての文化人類学的な考察だったことは、言を俟ちません。

言葉による彫刻とも呼ばれる「事物詩」を書いたドイツの詩人R・Mリルケ（1875～1926）は、橋や泉や果樹やヒョウなど、諸々の事物が、

現に今あるような仕方で存在する積もりでは決してなかったのにと不遇な思いを抱いていて、それらに代わってそう言明するために自分がこの大地の上に存在しているのだと言いました。

さらにリルケは、大地もまた私たちの心の中で目に見えない形ながらも蘇りたがっているのだと述べ、「愛しい大地よ、私があなたの付託を果たそう」と、大地に呼びかけるのです。これは、現実の歴史的経過の結果として今ある大地とその大地の上の諸事物が受け入れ（させられ）ている現在のあり方、つまり言葉による世界の分節の仕方の現状に異を唱え、自分自身の詩の力で世界をその理想の形で分節し直して蘇らせようという、大胆な意志の表明に他なりません。

筆者は、大人とは、一回的な偶然の出来事の結果である歴史を動かし難い事実として甘受して、それを思考の原点とする歴史家であり、一方子供は、或る理想の下に一貫した論理に基づく確かな理解を打ち立てようとする哲学者だと、以前述べました。そのことを、詩人リルケの上の言葉が、まさしく彷彿と想起させてくれると思います。

2．世界があることの不思議

優れた哲学者もまた、子供に深い敬意を抱いています。主著『存在と時間』で名声の高い実存主義哲学者、マルティン・ハイデガー（1889〜1976）は、宗教や哲学を学ぼうとするのなら子供に質問をさせるがいい、と述べています。真理というものは常に帳に覆われているけれども、子供はその帳を引き剥がして真理を見させてくれるのだ、と。

でも、ハイデガーの言葉はまだ抽象的です。これに対して、現代日本の卓越した詩人である谷川俊太郎（1931〜）は、彼の小さな書物『アルファベット26講』で、次のように言います。「子供の疑問は、ごく日常的な身のまわりのことから始まって、すぐに世界の中心にはいってしまいます。どんな賢者にだって答えることのできぬ疑問を、子供はいともかるがると口にします」。実にわかり易い明快な哲学が窺えて、見事な表現でしょう。

ポーランドの現代詩人、ヴィスワヴァ・シンボルスカ（1923〜2012）は、「ただ見回せばそこにある奇跡は／世界がどこにでもあること」と、まるで今まさに母懐から顔を覗かせて世界を眺めやろうとしている赤ん坊のごとき初な表現で、自分の詩の一節を紡ぎました。まさしく、谷川が言う、「子供の疑問は、ごく日常的な身のまわりのことから始まって、すぐに世界の中心にはいってしま」う好例を思わせる詩想だと言えるでしょう。

　シンボルスカは、一体、なぜ世界が存在するのかと問うのです。しかし、その問は、学校で先生が生徒に問う問とは異なります。学校の先生の問う問には必ず既に分かっている答があるのに対して、「なぜ世界が存在するのか」という問は、容易に答の見つからない問です。天文学的な、或いは宇宙物理学的な答はあっても、その問が求めている答はそうしたものではありません。それは、存在そのものの根拠を普遍的に一気に問う、存在論的な問なのです。

　世界、つまり人間にとっての意味に満たされた外部環境とは、この小さな本でここまで論じてきたように、言語の分節の繰り返しによって形作られた網目としての秩序の体系ですが、構造言語学者ソシュールによれば、言語の分節は、先に述べたとおり二重に恣意的（勝手気儘）で、その絶対的な根拠は何処にもありません。それゆえに、「なぜ世界が存在するのか」という問は、決まった答が存在し得ない問、すなわち根源的な問なのです。

　赤ん坊は、生後暫くの間、母子一体感の温もりの中にまどろみ、或る時、俄に「世界がある」ことの不思議に目覚めます。その赤ん坊にとって、世界とは（母親と一体化している）自分ではない全てのもののことであり、世界の存在に気づくとは「自分／世界」の分節がその時に成立したことを意味します。思いがけず、自分ならざるもの（世界）が存在することに気付き、その不思議に驚いている自分が、その時に世界と共機的に定立されるのです。

3．自分があることの不思議

　ヘレン・ケラーの場合、最初の分節が "water / non-water" ときわめて異例なものでした。普通なら、今上で見た「自／他」の分節こそが、第一の分節になります。ただし、もちろん、ヘレンが "water / non-water" の分節に目覚めた時に、その "water / non-water" の分節を行った自分とその分節を受けた外部環境との間に、行為の主体と客体の関係、つまり「自／他」関係を成立させる分節も同時に成立したのでした。

　幼い子供は、自分の成長と共に世界の分節の網目がどんどん緻密になって行くことに気付き、圧倒され、今にも押し潰されそうになります。恐らく、第一反抗期（「いやいや期」）とは、次々に増殖して自分に益々重くのしかかってくる世界（自分ならざるもの）の重圧を必死で押し返そうとする、子供のいわば命懸けの自己主張の試みなのだと思われます。

　幼い子供が嘘を発見するのもこの頃です。日本の民俗学の創始者である柳田國男（1875〜1962）は、「いたいけな最初の智慧の冒険」である嘘（作り話）に騙されてやってその冒険を成功させてやることも子供の成長のために重要だと、優しい眼差しを子供たちに投げ掛けました（『不幸なる芸術』）。

　筆者から見ると、或る時子供が盛んに嘘をつき、時には「狼少年」になりもするのは、たった一言で非在のものを即座に現前させることができる、言語の根源的な存在喚起力に気付き、心底驚いて圧倒されているからです。また、か弱い自分にも、言葉のその絶大な威力を操って大人たちを右往左往させることだって今ではできるのだという事実にそれ以上に驚き、果して確かに本当なのかと、幾度も実際に試して確認してみたい衝動を抑え切れないのです。

　このようにして嘘（作り話）と出会うこと、それもまた確かに、言葉という力が作り上げている人間の世界についての、一つの奥深い覚醒に違いありません。

その後も、子供にとっての世界は止むことなく膨らみ続けます。そして、思春期にその世界の存在の巨大さの前でついに自己が押し潰されかかると、今度は自分自身のか弱さの切ない自覚と共に、「自分があることの不思議」に覚醒するのです。たとえば三田誠広（1948～）は、学生運動に題材を取った芥川賞受賞小説『僕って何』を、こうして（かなり遅い）二十九歳の時に書きました。
　「僕って何？」とは、「自己も一個の他者である」と言ったジャン＝ジャック・ルソー（1712～1778）の自己認識と同じ根を持つ問い掛けでしょう。これに対して、レヴィ＝ストロースは、文化人類学者は「他者もまた一個の自己である」ことをフィールドワークの場で身をもって思い知るのだと言いました。
　もっと言えば、そのフィールドで、「世界があることの不思議」と「自分があることの不思議」が重なり合い、それゆえに「自己も一個の他者である」という思いと「他者もまた一個の自己である」という思いが漸く出会い、溶け合って、「自／他」が人間という概念において一つに包み合うことになるのです。

4．幼い娘がしてくれたレッスン

　筆者は、幼い子供を主に哲学者に譬えてきました。しかし、ここまで丹念に論じてくれば、幼い子供を文化人類学者に譬えるのがより一層相応しいことが分かると思います。というのも、幼い子供は考えるだけではなく、まさに文化人類学者のごとく、身をもって世界（フィールド）の中に力一杯入り込んでその一員になろうとしている者だからです。
　実は、幼い頃に筆者の長女（先に登場した孫娘の母親）が、一度だけ文化人類学者に突如変身して、筆者にフィールドワークのレッスンをしてくれたことがありました。ここで、暫くその時のことを簡単に報告してみましょう。
　それは、一九九一年の元旦のことでした。一歳七ヵ月の長女から、

Chapter 5 幼い文化人類学者たち

　全く思いがけず年賀状を貰ったのです。と言っても、私も妻もそれまで娘に文字を一度も教えたことがなく、娘も字を知りませんでした。それゆえ、娘がくれた年賀状は、誰も判読できる者がいない、いわば娘が独創した自分専用の一種の「絵文字」で書かれていました。
　その元旦のこと、筆者は官舎の五階の自宅の扉を開けて階段を駆け下り、一階の郵便受けから年賀状の束を持ち帰って、居間の座卓の前に腰を下ろしました。それから、一枚一枚にゆっくり目を通しながら、懐かしい人からの音信に出合う度に、メッセージの勘どころを声に出して読み上げては、台所にいる妻に聞かせていました。妻は忙しく立ち働きながら、時折相槌を打ったり、感慨深か気にちょっと感想を述べたりしていました。
　その時のことです。それまで筆者の膝の中で二人のやり取りを感慨深そうに眺めていた長女が、突然筆者の手から年賀状を幾葉かひったくって、赤、青、オレンジなどのクレヨンでその表裏に何かを手早く、大きく描き付けたのです。それから、玄関までトコトコ走って行って、手にした年賀状の薄い束を一旦鉄の扉に押し付けてから、大急ぎで筆者の傍らまで駆け戻って来ました。そして筆者の目の前にそれをグイと突き付けて、しきりに何かを告げようとして、言葉にならない声を発しました。筆者は、最初ただただ驚き、気押されて呆気に取られるばかりでした。
　やがて、娘がもどかし気にとうとう地団駄を踏みだし始め、いよいようろたえました。しかし、ハッと心に何かが閃く瞬間がありました。娘は、年賀状を取りに出掛けた筆者の姿をそっくり真似ようとしているんだ、きっと！　そう合点した私は、娘が鼻先に突き付けていた年賀状を受け取って、先刻と同じように時折妻に視線を向けながら、「お父さん、お母さん、明けましておめでとうございます。鮎香は……」と声に出して、「絵文字」で描かれた年賀状を一枚づつ読み上げてやりました。一枚読み終える度に、娘はグルグルと何回も旋回して喜びを身体一杯で表現します。娘が手にしていた三、四枚程を読み終える

と、娘はまた同じように年賀状を書いて（＝描いて）筆者に手渡すことを繰り返し、そしてまた大喜びして足踏みしながら、喜色満面でグルグルグルグル舞うのでした。

　娘の意をかろうじて汲んでやれたのだと分かって、ホッと安堵したものです。それと同時に、年端の行かない子供がそのちっぽけな身体に宿している一つの宇宙の奥深い神秘に接して覚えた驚きとそれに抱いた敬意に、すっかり心を奪われて、上気していました。それは、まさに娘が文字を「発見」した瞬間だっのです。

　娘のその「文字の発見」の現場に偶然立ち会えたのは、実に奇蹟としか言いようがない幸運だったでしょう。その後、知の神秘をあれほど身に近く実感して強烈に心を打たれる経験をしたことはありません。

　ただし、一歳七ヵ月の娘から年賀状を貰うという、予想もしない夢のような出来事は、筆者の感受性が鋭かったからというわけではありません。ただ単に筆者が偶々人類学者だったというのが、事の真相だと思えます。あの時、娘の意図をなんとか読み解こうと精神をぎりぎりまで集中した結果、レヴィ＝ストロースの初期の著作である『悲しき熱帯』の中でも最も印象深かった一場面が頭を過って、俄に霊感を恵んでくれたのだと思うのです。

5．アマゾン奥地のレヴィ＝ストロース

　その場面を描いた一節は、以下のように、アマゾンの奥地の先住民であるインディオの一派、ナンビクワラ人の首長が文字の或る機能を発見したことによって、彼らの社会に初めて文字が立ち現れた瞬間の実に鮮やかな証言になっています。

　レヴィ＝ストロースは、物質文化が極端に簡素で装飾らしきものにほとんど関心がないナンビクワラの人々が「描く＝書く」ことにどのような意味を見出すのかを知ろうとして、画用紙と鉛筆を配ってみました。人々は、波状の線を暫くウネウネ繰り返し描く内に早々と退屈してしまったのですが、首長だけは全く違いました。というのも、そ

Chapter 5 幼い文化人類学者たち

の明敏な類稀なる知性は、或る形が誰かと共有されたその瞬間に意味が俄かに発生することを、誤ることなく見抜くことができたからです。

　首長は、背負った籠の中から、自分が何か波線のような形を書き付けて溜めておいた沢山の画用紙片を次々に取り出しては、レヴィ＝ストロースの顔前にそれを突き付けて、逐一それを読む演技を強要します。首長の演技の意図を理解したレヴィ＝ストロースは、それらの紙片を一々フランス語で「読みあげた」のでした。二人は、その演技を延々と続けます。

　首長は、この奇妙な演技の共犯関係を通じて、首長だけが白人の神秘的な秘密である文字を熟知しており、だから白人の巨大な力に参画しているのだという虚構を人々に信じ込ませようとしたのです。ほとんど全裸で、数もせいぜい三までしか知らない人々の小さな共同体で、まだ「石器時代」さながらに生きていたナンビクワラ人の一人の首長は、理解のための知的手段としての文字の働きの実態を知らないまま、それが他の社会的な目的、すなわち支配や管理の強力無比な手段になり得ることを、即座に見破ったのでした。

　さて、文字の働きを或る時自分自身で発見するのと、既に存在している文字制度の仕組みを教えられて習い覚えるのとは、全く別の事です。ですから、長女はその後三、四歳になってもまだ文字が少しも書けませんでした。筆者も妻も、強いて文字を教えようとしなかったので、娘もあの元旦の出来事をすぐにすっかり忘れてしまい、その後も長い間、話し言葉の音の輝きと響きの中に安らかに佇んで、楽しく遊んでいたのでした。

　長女の「文字発見」は、全く偶然の出来事と言うべきです。それは、娘が（ナンビクワラ人のあの驚くべき洞察力をもつ首長のごとく）何か特別に犀利な魂だったことを少しも意味しません。きっと、子供の一人一人が文字社会で言葉を覚えて自己形成して行く過程で、かなり一般的に起き得る出来事なのだと言えるでしょう。ただ、私が本書でしたものに通じる報告にまだ気付いたことがありません。すると、む

しろ珍しいのは、大人がそのような現場に偶々居合わせ、その経験の意味を理解してやれることの方なのでしょう。

　当時、筆者は国立大学に勤めていて心身に余裕があって、平日でも家にいることが多く、また最初の子供である長女とゆっくり付き合おうとしていました。恐らく、それが幸いしたのでしょう。私はできるだけ何時も娘と一緒にいることで、子供について実に様々なことを発見しました。しかし、あの元旦の出来事は、飛びっきり特別なものでした。と言うのもそれは娘が私にしてくれた、まさに「フィールドワークのレッスン」だったからです。あの時娘は、まさしく私の文化人類学の先生だったのです。

6．三歳の孫娘の贈り物

　子供に深い関心と敬意を抱いているのは、なにも優れた詩人や哲学者に限りません。市井の人もまた、日々の暮らしの折々、子供の意想外の問や臆面のない言明に突如曝されて吃驚させられたり、感激させられたり、哄笑されられたり、呆れたり、問い詰められて困り果てたりしています。

　日刊新聞の小さな連載コラムには、子供の言動のそうした思いがけない飛躍の瞬間を巧みに切り取った報告が載っていることが、ままあります。次いで、そのような投稿記事を紹介しましょう。

　　◎敬老の日　私たち夫婦にプレゼントをするという五歳の孫娘。色紙を買ってきて折り紙を折ってくれた。三歳の妹の方は知らん顔。「何をくれるの？」と請求。しばらく考えていたが、「握手してあげる」と手を握ってくれた。触れ合いで感激。（山形県米沢市・涙もろい祖父・61歳――「いわせてもらお」、『朝日新聞』1992年10月11日）

　私たちは、折に触れて誰かとかれこれの贈り物を交換しています。

その目的が互いの「触れ合い」を深めることにあるのだとすれば、身体の接触がその最も直接的で具体的な形だと言えるでしょう。欧米文化圏とは違って、日常生活の中で抱き合ったりキスをしたりする習慣がない日本では、握手が社交的な身体の接触の普通の形式になっています。

　ただし、握手は友愛や和解の儀礼的なシンボルとなるだけでなく、生きた身体の直接の触れ合いならではの温かみを感じる、いわば小さな官能を伴う行為でもあるはずです。上のコラムの記事で、直観的にそれが分かっていたのは五歳の姉娘ではなく、識字慣行が分らずに、まだ本能的な「感覚＝運動」次元の生の身体感覚が躍動している三歳の妹娘でした。姉は、敬老の日の贈り物を見聞きした知識として、または既に経験したことがある慣行として、知っていました。このように、学習や教育を通じて、社会は握手のもつ生の身体感覚を抽象的な意味や実際的な機能に置き換えて巧みに制御し、密かに抑圧してもいるのです。

　つまり、私たちは日頃贈り物を仕来たり（制度）として受入れ、その本来の目的や原理が何であるのか、深く思いをめぐらすことはまずありません。上の逸話は、贈り物の目的が自分と他人との間の距離やズレ（差異）を埋めて互いを近づけること（触れ合い）であると、あらためて鮮やかに気づかせてくれるのです。

　敬老の日にお祖父さんが三歳の孫娘から贈られたのは、握手をしてくれた小さな手から伝わる温もりだけ。姉娘との間のような、物と物のやり取りは何もありません。お祖父さんにとって却ってそれが瑞々しくて新鮮だったのは、物と物やサービスの交換以上にもっと純粋な触れ合いの形があるのだと、孫娘がいきなり身をもって教えてくれたからでした。

　その覚醒は、贈り物慣行が実は見返りを求めるものでもある事実を再認識させ、お祖父さんに些かの感慨を抱かせたことでしょう。孫娘が図らずもここで提起したのは、純粋な贈り物と「贈与交換」の違い

という、微妙で、しかも真に根源的な問題なのです。

7．交換するヒト、しないサル

それが真に根源的な問題であるのは、実は、交換システムこそがヒトから人間への変成に抜き差しならない形で関わってきた、決定的な要因だからです。

言語とは、メッセージの交換システムのことですが、その他に人間は、物やサーヴィスの交換（経済）と女性の交換（結婚）という二つの別の次元の交換システムを持っています。そして、これらの三つの交換の存在こそが（今日では地球上の隅々にまで及ぶ）広大な地域に住む多数の人々を結び付けて協調させ、種としてのヒトを他の全ての動物種を完全に圧倒して繁栄させてきた大きな秘密の核心にあるものなのです。

さて、チンパンジーは、遺伝子の98パーセント以上をヒトと共有します。ところが、チンパンジーのようなヒトに最も近い高等な類人猿たちも、まず滅多に交換をしません。或る実験では、リンゴ片を手に持っているチンパンジーに、大好物の（もちろん、リンゴよりもずっと好きな）ブドウの粒を差し出してみても、ほとんどの場合、取り換えっこをしようとはしませんでした。

では、交換の条件として何が欠けているのでしょうか。それは、相手を信頼する心です。チンパンジーは、贈り物も交換もしないのです。今の場合も、確実に手の中にあって全く失う気遣いのないリンゴ片は、相手が本当に手渡すかどうか分からないブドウの粒よりも幾分不味くともましだ、というわけです。交換には、確かな信頼関係と自発的な意志が絶対に欠かせません。

もっとも、遥かに下等な生物の中には、ヒト以上に徹底した自己犠牲も厭わないものがあります。例えば、粘菌類のキイロタマホコリカビは、餌の細菌が沢山いれば各々の細胞がアメーバのような姿で細菌を捕食します。でも、その環境が失われると、多数の細胞が集合して

ナメクジのような体（移動体）を作り、成熟した後、まるでスカイツリーを思わせるような形をした子実体を立ち上げてその先端部から胞子を遠くに飛ばして生き延びます。つまり、例えば子実体の柄の部分を形成した細胞は、この機会に積極的に胞子の犠牲となって、利他的に死ぬのです。

ところが、キイロタマホコリカビの二つの隣り合うアメーバー状の群れを入り交じらせて観察すると、平常時には何の問題もなく仲良く暮らしているものの、子実体の形成は自分の群れの細胞だけで排他的に行います。つまり、いざと言う時に自己犠牲を厭わないのは、遺伝子を共有する者同士、いわば身内の間に限って見られる特殊な現象なのです。

これに対してヒトは、全くの赤の他人同士が信頼し合って助け合う点で、実に独特な生物です。そして、その基盤となっているのが、まさしく交換というシステムなのです。

8．パパはどうして男なの？

炯眼を発揮して「子供の疑問は、ごく日常的な身のまわりのことから始まって、すぐに世界の中心に入っていってしまいます」と述べた谷川俊太郎は、同じ著書で、子供時代に次のような疑問を発して困らせた経験を、読者が必ずもっているはずだと言います。

　　「ねえパパ、どうしてパパにはおひげがあるの？」
　　「パパは男だからさ」
　　「どうして男なの？」
　　「どうして男って、そりゃあ、パパが男でなきゃ、ママが困るだろ」
　　「どうして困るの？」
　　「ママにききなさい！」
　　「ねえママ、パパが男でないとどうして困るの？」
　　「パパが男でなきゃ、赤ちゃんがうまれないからよ」

「どうして赤ちゃんが生まれないの？」
「おいママ、まだ性教育は早すぎるぞ！」

　確かに、良い例になっていますね。子供の疑問が一気に世界（言葉による分節の網目が形作る秩序の体系）の中心に入っていく様子を、分かりやすく示してくれたと思います。

　この例を基に、谷川は子供の質問とは、例えば「どうして風は吹くの？」と問う場合、気圧の変化がどうこうという物理的な説明を求めているようなものではない、と言います。こういう場合に子供が真に問い掛けているのは、常に、「世界が自分のまわりに在るということの不思議さ」であって、だからこそその都度新鮮なのだと。

　そして、その問い掛けは、「おとなたちがあたりまえと思っていることが、実はちっともあたりまえではなく、われわれは多くのことを知っているようでいて、本当に大切なことは何ひとつ知っていないのだということを、知らせてくれます」と述べるのです。だから、或る重大な問題は、「問題ということさえできぬ切実さをもった、身のまわりの現実にまで解体してしまわねばならないと思います」と結論しています。

9．最愛のパパと結婚できないって？

　確かに谷川の言う通りです。文化人類学が、日常の暮らしの細部にまで目を凝らし、常識を問い直して新鮮な展望を切り開こうと志す学問であることは、この本の導入部で詳しく論じて、強調しておいた通りです。その文化人類学の研究者の一人として、幾分残念なのは、上に引用した内容では、「問題ということさえできぬ切実さをもった、身のまわりの現実」には、もう一歩届いていないと思われるからです。半ば笑い話のようにもなっています。筆者だったら、手短に、子供の疑問を次のように変奏することでしょう。

「ママ、私ね、大きくなったらパパと結婚するんだよ」
「いいわね。でも本当はね、同じ家の人とは結婚できないのよ」
「えっ！ じゃ、どうしてママはパパと結婚したの？」

　いかがでしょうか。ここでも、ママは元々パパと同じ家の人ではなかったから結婚できたのだという、いかにも真っ当で常識的な説明は、全く子供の心に届きません。この子が本当に聞きたいのは、お互いに世界で一番好きな者同士なのに、同じ家の人とはどうして結婚できないのか、ということだからです。そうです、筆者の挙げた例では、子供は「世界が自分のまわりに在るということの不思議さ」の所以を、「問題ということさえできぬ切実さをもった、身のまわりの現実」に向けて真っ直ぐに問い掛けているのです。
　では、文化人類学者が「問題ということさえできぬ切実さをもった、身のまわりの現実」として、この幼い女の子に真っ直ぐに告げてやらねばならないのは、一体どんな事実なのでしょうか。それは、きっとほぼ次のようなものになるでしょう。
　まず、結婚は制度（交換のシステム）という文化要素であって、決して自然が支配する本能的な現象ではありません。これは、まだ本能的な「感覚＝運動」次元の身体感覚を強く生きている幼い子供にとっては、きわめて理解しづらい事態でしょう。しかもこの制度は、ヒトが種として生き残りを賭けて日々必死だった、共同体の存立基盤がとても脆かった遠い遠い昔に、起死回生の工夫として考え出されて今日まで続いてきたものです。だから、単独の個人として生きていくことが一般的に何処でも必ずしも不可能ではなくなった、高度な産業社会時代の今日の子供には、この論理は容易に納得が行かない頑なものに思えるかも知れません。
　結婚は、「近親婚の禁止」(incest taboo) という根源的な禁止（より正確には「禁忌」）が人類の間に成立した時に生まれました——結婚とその一部禁止が同時に生まれたのです。この禁止は、人の群に一本

の明快な線を引いて区切りを入れ、内（家族＝我々）と外（他人＝彼ら）の分節を初めて成立させました。それは、何よりも家族を作り、家族を単位として家族と家族が結びついて助け合って行く共同体を作るための工夫でした。

このシステムでは、家の内側の最も大切な女性を外側へと送り出さねばならず、内側には伴侶になる女性が完全にいなくなりますが、その欠落は、他の家との交換でなら埋め合わせられるのです。こうして、女性の交換（違った家の人との結婚）を通じて家同士の結合（同盟）が共同体を実現し、その結合は何処までも拡大し、発展して行くことができました。つまり、「最初の禁止」とは、裏返せばそのまま「交換の命令」に他ならないのです。

同じ家の人との結婚は、そうした可能性を閉ざしてしまって、ヒトを弱々しい存在のままに押し止め、大自然の巨大な脅威の真っ只中に置き去りにしたことでしょう。だから、パパと結婚できないのです。

10. おばあちゃんは男？

この章の最後に、もう一つだけ、幼い子供が結婚に関連して行った、底抜けに素朴で真率で、且つ相手には飛びきり心外な発言を紹介しておきたいと思います。

> ◎はたしてその実体は　２カ月ぶりに会った４歳の孫娘。おしゃべりは一人前、何でもよく知っているおませぶり。その孫娘がふと、聞く。「おばあちゃんはおじいちゃんと結婚した時は女だったの？」。私が「おばあちゃんは今でも女だけど」と言ったら、「えーっ!?」。そのまま固まっていた。（愛媛県今治市・ボーイッシュと呼んで・60歳──「いわせてもらお」、『朝日新聞』2007年7月26日）

この逸話も、一般的な常識に沿って受けとめれば、閉経して女性ホルモンの分泌が衰えた結果、容貌からふくよかな女性らしさが失せか

けた老齢の女性が軽い自虐を含んで語る、気の利いた笑い話として読んで楽しめるでしょう。そう見ると、ちょっとおませで率直な孫娘の大胆な発言が、舞台回しとして巧みに使われていると言えます。

しかし、象徴の森に分け入ろうとして、自分なりに懸命に世界を分節しようとしている四歳の孫娘の健気な姿に寄り添ってみると、その偽りのない真率な疑問が世界（つまり、言葉の分節の網目が形作る秩序の体系）の中心に一気に達していることに気付くでしょう。

私たち日本人の（大人の）常識である、二元的な性文化の観念では、男女の性は誕生時から決まっていて、ライフサイクルに沿った生理的な変化が大きい女性の場合でも、性的な属性は一生を通じて恒常的で、本来移動などあり得ません。当然、閉経した老女も女性です。

ところが、このコラムの孫娘は、祖母と恐らく母親など周りの若い他の女性の体型や雰囲気などを比較して、最初女であった人が歳をとれば男になる（こともある）のだと理解していたと思えます。お祖母さん本人が「ボーイッシュと呼んで」と自認しているのですから、きっと、閉経の影響がかなり明瞭に外見に窺える身体状況だったのでしょう。

問題は、日本の標準的な性文化が絶対的に正しいのか、またはどれだけ普遍的なのかという点にあります。この孫娘の率直な男女観は、本当にそんなに「常識」外れなのでしょうか。それとよく似た性の観念を持つ文化が、世界中に存在しないのでしょうか。

実は、筆者が長年研究してきたケニアのキプシギス民族には、「女性婚」という、女性同士の結婚制度があります。大雑把に言えば、結婚したものの子供ができなかったり、息子が成人するまで生き残らずに閉経した老女が、若い女性と結婚して夫になる制度です。

女性婚の結婚式は、老女が新郎役を務める以外は通常と変わらず、婚資（「結納」）としての牛の支払い頭数も普通の結婚の場合と少しも違いません。ただし、老女は妻の性的な後援者を自分自身の夫の親族の中から指名しますが、妻の法的な夫は飽くまでも老女なのです。老

女は、女性婚すると、妻に対してだけでなく、何事につけても男性のように振る舞おうとし、戦役にも参加することもあるのです。

しかも、キプシギスの女性婚とよく似た制度は、ケニアから南スーダンを包む広い地域のかなり多くの民族の間に見られます。

南スーダンのヌエル民族の場合、若い女性は自身の父親の家に住んでいる間に特定の男性とまず夫婦関係になり、最初の子供が生まれてやっと正式に妻として公認されて、夫の家に移り住みます。子供の誕生に極めて高い社会的な価値が与えられ、女性とは子供を産む者だと考えられているからです。だから、子供が産めなければ夫婦関係は正式なものにならず、その女性が、今度は男性として別の女性と結婚してその女性の夫になります。つまり、ヌエルでは、子供を産むかどうかが大人の性別の基準になっています。すると、上のコラムの孫娘の性別の判断基準も、決して荒唐無稽ではないと言えるでしょう。

しかも女性婚は、成人した息子がない女性の老後の福祉を確保できる優れた制度だと言えます。近代社会では、経済的にも、また身体的・心理的にも負担の大きい人工受精や代理母などの医療制度で対処している困難な課題に、昔から無理なく対処してきたのです。

さらに、女性婚で妻となるのは、脚や手など身体に障害を持つ女性や、結婚がとても難しい未婚の母です。全ての女性が望めば結婚可能であり、老後の福祉を確保できる、それなりに合理的で思いやりのある前近代社会の工夫を、この制度に見出せるでしょう。

子供を生むのが女性、生まないのが男性という一件奇妙奇天烈な孫娘のジェンダー観には、こうしてみると、私たちが「もう一つの可能性」を発見する端緒があるとも言えるでしょう。

11. 夢とお化けとファンタジー

前節で紹介したコラムは、まだ本能的な「感覚＝運動」次元の身体感覚を生きている幼い子供の直観が、今現に私たちが生きている社会の常識を超えた、より広い世界の可能性への想像力に開かれているこ

Chapter 5 幼い文化人類学者たち

とを見事に教えてくれました。

　つい最近まで、世界中どこの社会でも七歳以前のまだ親の手が掛かる子供（infant）は、いつ死ぬかも知れず、その意味でまだ半分神や祖先の住む世界（あの世）の一員だと観念されてきたものでした。だから、成年するまでは正式な名前を子供につけなかったり、七つになる前に亡くなった子供たちを（村外れなどにある）子供専用の墓地に埋めたりしたのです。こうした民俗的な認識を、日本では、「七つまでは神の内」と言い表してきました。

　「文化人類学事始め」のために草したこの小さな書物を閉じるに当たって、最後に、幼い子供がもっている、そうした世界共通とも言える不思議な力に触れておきましょう。

　児童文学作家の角野栄子（1936～）は、一人娘のリオさんが三歳の頃、自作のお話を日に幾度も語りかけてきたと言います（『朝日新聞』夕刊、2018年8月9日）。その中身は毎回違うのに、出だしは何時も、「あっちいってね、こっちいってね、そっちいってね。踏切を渡ったところに、カエルさんのおうちがありました……」でした。後に自分が物語を書くようになってから、そのリズミカルな決まり文句が「子どもが『あっちに行ったら何かあるかな？　こっちに行ったら何かあるかな？』……って気持ちをワクワクさせながら物語の中に入っていく好奇心や想像力をかきたてる大切な、心の自然な動きだった」と気付いたそうです。そして、1979年にお化けのアッチの童話を、その次にコッチとソッチも加わった三人のお化けのシリーズを書き、それが『魔女の宅急便』と並ぶ代表作になっています。

　子供は、怖がりながらもお化けが大好きなだけではなく、もう一つの世界に通じる夢に対する鋭敏な感覚を持っています。「まま／ままはどうやって／わすれんぼうになったの／おねえさんになったらなれるの／みゆもはやく／こわいゆめをわすれたいのに」と、茨城県鹿嶋市の「はまなす幼稚園」年長級の松田心優ちゃんが、「ゆめ」という詩で語っています（「こどもの詩」『読売新聞』2018年10月19日）。

本当に、夢は何時から怖くなくなったのでしょうね。昔、夢は、世界中どこでも神やお化けが住むもう一つの世界との不思議な通路でした。それが怖くなくなったのは、早くとも、19世紀の末にジーグムント・フロイト（1856〜1939）が精神分析学を創始して以来のことです。聖徳太子は夢殿に籠もって、夢現の内に仏様から真実の教えを得ようとしました。京都東山の六角堂に籠った親鸞もまたそうでした。今でもまだ、近代化の途上にある世界中の様々な地域で、よく似た慣習が見られます。

　自分が今生きている世界よりももっと広い、一層次元の高い世界、例えば生命体としての地球（ガイヤ）や宇宙（コスモス）が存在して、自分も確かにそれに繋がれているのだという幼い頃の不思議な感覚を忘れないのは、とても大切なことです。

　現在の激しい競争社会では、自分が他ならぬこの私であるという感覚や定義を表すアイデンティティという観念が絶対的な価値を持っていて、全く疑問の余地のないものとして扱われがちです。しかし、これもまた近代西欧が生んだ強迫的な観念の一つではないかと考えてみるべきではないでしょうか。少なくとも、そうしてみることが、人生を随分生きやすいものにしてくれるかも知れません。そのことをリオちゃんや心優ちゃんが、とてもやさしい言葉で教えてくれているように思えます。

おわりに

　この小さな書物は、幼い子供は誰もがみな天才的な文化人類学者であることを詳しく具体的に論じようとしたものです。それは、幼い子供の素朴な疑問が、しばしばいきなり世界の秘密の中心に届いてしまう大きな力をもっているからでした。

　それゆえに、皆さんの身近にいる子供たちと日頃しっかり付き合って、その言動に目を凝らすことが参与観察としての優れたフィールドワークにもなるのです。こうしてフィールドワークを実践することが、文化人類学という中学生や高校生に馴染みの薄い、新しい学問を学ぶうえで、事始めとして相応しいと常々考えてきました。

　その経験を通じて養われた、生きたものを見るセンスは、それほど遠くない将来、私たちの身の回りに押し寄せてくることになる「異文化」を理解するうえでも、きっと最良の力になってくれるに違いありません。すると、子供たちの立ち居振る舞いに絶えずしっかり目を向けていることが、そのまま「異文化の学」である文化人類学の血の通った、良い事始めになることを理解して貰えると思います。

　この小さな案内書を「水先案内人」、あるいは学びの杖として頂き、一人でも多くの学生の皆さんが、文化人類学という生き生きとした生命力を今も感じさせてくれる素晴らしい学問を楽しく学んで下さることを、心から祈っています。

《参考文献》

エヴァンズ゠プリチャード、E・E
　　　　　（1985）『ヌアー族の親族と結婚』（長島信弘・向井元子訳）岩波書店。
角幡　唯介（2018）『極夜行』文藝春秋。
金田一京助（1993）『金田一京助全集』第 14 巻（文芸 1）、三省堂。
ケラー、ヘレン（1966）『私の生涯』角川文庫。
小馬　徹（2000）『贈り物と交換の文化人類学――人間はどこから来てどこへ行くのか』御茶の水書房。
小馬　徹〔編著〕（2002）『カネと人生』〔くらしの文化人類学 5〕雄山閣。
小馬　徹（2016）『文化を折り返す――普段着でする人類学』青娥書房。
小馬　徹（2018）『「女性婚」を生きる――キプシギスの「女の知恵」を考える』神奈川大学出版会。
西郷　信綱（1972）『古代人と夢』平凡社。
城生佰太郎（1987）『オタミミ・ベンベの言語学――語彙論への招待』日本評論社。
ソシュール、フェルディナン・ド
　　　　　（2016）『新訳ソシュール一般言語学講義』（町田健訳）研究社。
ソロー、ヘンリー・D（2004）『ウォールデン』（坂本雅之訳）ちくま学芸文庫。
谷川俊太郎（1986）『アルファベット 26 講』中公文庫。
開　一夫（2011）『赤ちゃんの不思議』岩波新書。
広瀬　友紀（2017）『ちいさい言語学者の冒険――子どもに学ぶことばの秘密』岩波書店。
ピーコック、J・L
　　　　　（1993）『人類学とは何か』（今福龍太訳）岩波書店。
ベネディクト、ルース
　　　　　（1967）『菊と刀――日本文化の型』（長谷川松治訳）社会思想社。
マリノフスキー、B
　　　　　（2010）『改訂版　西太平洋の遠洋航海者』（増田義郎訳）講談社学術文庫。
丸山圭三郎（1984）『文化のフェティシズム』勁草書房。
丸山圭三郎（1987）『言葉と無意識』講談社現代新書。

山口　昌男（2002-2003）『山口昌男著作集』〔全 5 巻〕筑摩書房。
レヴィ＝ストロース、クロード
　　　　　（2001）『悲しき熱帯』Ⅰ・Ⅱ（川田順造訳）中央公論社。

著者紹介

小馬 徹（こんま とおる）

　1948年、富山県高岡市に生まれる。一橋大学大学院社会学研究科博士課程修了。博士（社会人類学）。大分大学助教授、神奈川大学外国語学部教授を経て、現在同人間科学部教授。文化人類学・社会人類学専攻。1979年以来、ケニアでキプシギス人を中心にカレンジン語系の人々の間で長期参与観察調査を37度実施、現在も継続中。

　人類学の著作に『ユーミンとマクベス』（世織書房、1996年）、『コミュニケーションとしての身体』（共著、大修館書店、1996年）、『紛争と運動』（共著、岩波書店、1997年）、『国家とエスニシティ』（共著、勁草書房、1997年）、『贈り物と交換の文化人類学』（御茶の水書房、2000年）、*Conflict, Age & Power*, Oxford:James Currey, *et. al.*（共著、1998年）、『開発の文化人類学』（共著、古今書院、2000年）、『現代アフリカの民族関係』（共著、明石書店、2001年）、『近親性交とそのタブー』（共著、藤原書店、2001年）、『カネと人生』（編著、雄山閣、2002年）、『新しい文化のかたち』（共著、御茶の水書房、2005年）、『放屁という覚醒』（筆名O・呂陵で、世織書房、2007年）、『世界の中のアフリカへ行こう』（共著、岩波書店、2009年）、『海と非農業民』（共著、岩波書店、2009年）、『読解レヴィ＝ストロース』（共著、青弓社、2011年）、『グローバル化の中の日本文化』（共著、御茶の水書房、2012年）、『植民地近代性の国際比較』（共著、御茶の水書房、2013年）、『境界を生きるシングルたち』（共著、人文書院、2014年）、『文化を折り返す―普段着でする人類学』（青娥書房、2016年）、『フィールドワーク事始め―出会い、発見し、考える経験への誘い』（御茶の水書房、2016年）、『「統治者なき社会」と統治―キプシギス民族の近代と前近代を中心に』（神奈川大学出版会、2017年）、『「女性婚」を生きる―キプシギスの「女の知恵」を考える』（神奈川大学出版会、2018年）、『帝国とナショナリズムの言説空間』（共著、御茶の水書房、2018年）、『ストリート人類学―方法と理論の実践的展開』（共著、風響社、2018年）、『「異人」としての子供と首長』（神奈川大学出版会、2019年）、『ケニアのストリート言語、シェン語―若者言葉から国家統合の言語へ』（御茶の水書房、2019年）など多数。

　他に、『川の記憶』〔田主丸町誌第1巻〕（共著、第51回毎日出版文化賞受賞、第56回西日本文化賞受賞、1996年）、『河童』（共著、河出書房新社、2000年）、『系図が語る世界史』（共著、青木書店、2002年）、『宗教と権威』（共著、岩波書店、2002年）、『ポストコロニアルと非西欧世界』（共著、御茶の水書房、2002年）、『日向写真帖　家族の数だけ歴史がある』〔日向市史別編〕（共著、第13回宮崎日々新聞出版文化賞受賞、2002年）、『ライオンの咆哮のとどろく夜の炉辺で』（訳書、青娥書房、2010年）、『河童とはなにか』（共著、岩田書院、2014年）、『富山の祭り―町・人・季節輝く』（共著、桂書房、2018年）を初め他分野の著作も多数ある。

神奈川大学入門テキストシリーズ

子供はみんな天才人類学者
――文化人類学事始め

発行日　2019年3月27日　第1版第1刷発行

編　者――学校法人神奈川大学©
著　者――小馬　徹
発行者――橋本盛作
発行所――株式会社御茶の水書房
　〒113-0033 東京都文京区本郷 5-30-20　電話 03-5684-0751
印刷・製本――モリモト印刷 株式会社

Printed in Japan
ISBN978-4-275-02107-6 C1039

大学の専門課程にスムーズに入ることができるように、神奈川大学の教授たちが知の水先案内をします。
名付けて「神奈川大学入門テキストシリーズ」。分かりやすいけど、奥は深い。

神奈川大学入門テキストシリーズ

編集＝神奈川大学

田中　弘著
会　社　を　読　む
―会計数値が語る会社の実像―
A5判／70頁／900円／2002年

㊙会社の七不思議　①会社は収益性の高い事業をしているか　②会社は成長しているか　③会社への投資は安全か　④会社は社会に貢献しているか　⑤企業集団はどのように分析するか。

川田　昇著
民　法　序　説
A5判／60頁／900円／2002年

①法律学とのつきあい方　②はじめに認識しておいて欲しいこと　③法学部教育の目標　④紛争解決案を導く手順　⑤民法の勉強の進め方　⑥民法の規律の仕方。

村上　順著
自　治　体　法　学
A5判／58頁／900円／2002年

自分たちが住む自治体は、自分たちでよくしていく努力が必要です。監視と参加の住民自治は地方分権推進法が制定され大きな流れとなっています。高校生にもわかる自治体法学書。

中田信哉著
三　つ　の　流　通　革　命
A5判／64頁／900円／2002年

「革新型小売業」と呼ばれる新しいタイプの小売店が戦後わが国の「流通機構」と呼ばれる社会システムをどう変えてきたのか、三つの段階に分けて日本の流通改革を考える。

中野宏一・三村眞人著
わ か り や す い 貿 易 実 務
A5判／84頁／900円／2002年

第1篇貿易マーケティング　①商品の製造・発掘　②商品の販売ルート　③商品のコストと価格　④商品のプロモーション／第2篇貿易取引の仕組みと手続き　①輸出取引　②輸入取引

齊藤　実著
宅　配　便　の　秘　密
A5判／64頁／900円／2002年

なぜ、深刻な不況にもかかわらず成長を続けることができるのか。成長のエネルギーは何か。宅配便のしたたかな経営戦略を探る。

後藤　晃著
グ ロ ー バ ル 化 と 世 界
―ワールドカップを通して見た世界―
A5判／64頁／900円／2002年

2002年ワールドカップが日本と韓国で開催された。これらの参加国を通して、グローバル化とはどう言う事なのか。人口・食糧問題と貧困はどう関係するのかなどわかりやすく解説。

橋本　侃・伊藤克敏著
英 文 学 と 英 語 学 の 世 界
A5判／68頁／900円／2003年

「こういう人が英文学に向いている」「英文学の大きな流れ」「英国の歴史と英語の成り立ち」「米国の歴史とアメリカ英語の成立と特徴」「黒人英語の起源」等、英文学科への誘い。

御茶の水書房刊（価格は税抜き）

桜井邦朋著	気候温暖化の原因は何か ――太陽コロナに包まれた地球―― A5判／64頁／900円／2003年	気候温暖化の原因について、太陽活動の長期変動との関わりの面から、どのような可能性があるかを、宇宙空間の中の地球という視点から、研究の現状をやさしく解説する入門テキスト。
秋山憲治著	経済のグローバル化と日本 A5判／56頁／900円／2003年	グローバリゼーションとは何か、どう捉えるのか!! 1990年代に入って急速に進展した経済のグローバル化を検討し、日本経済にどのような影響、変化をもたらしたのかを考える入門書。
鈴木芳徳著	金融・証券ビッグバン ―金融・証券改革のゆくえ― A5判／58頁／900円／2004年	市場の時代の到来は銀行・証券・保険など業界の境界線を見えにくくしている。その中で「自己責任」が強く主張されているが、市場の時代における自由とルールの関係を考える入門書。
的場昭弘著	近代と反近代との相克 ―社会思想史入門― A5判／58頁／900円／2006年	世界がアメリカ的な消費生活を模範とすれば、地球上の資源は枯渇し、さまざまな自然災害を引き起こす。利己心による物的生活の上昇ではない、ポスト現代の社会の生き方を考える。
柳田 仁著	パン屋さんから学ぶ会計 ―簿記・原価計算から会計ビッグバンまで― A5判／64頁／900円／2006年	あるパン屋さんで生じた具体的な日常の事象を物語風にし、その開業から営業活動・決算等を通じて会計の基本メニューを勉強する。更に、最近の会計大変革についてもやさしく解説する。
山口建治・彭 国躍・松村文芳・加藤宏紀著	中国語を学ぶ魅力 A5判／66頁／900円／2008年	1 今、何故中国語なのか？ 山口建治／2 中国語と中国人の言語行動について 彭 国躍／3 現代中国語の魅力にせまる 松村文芳／4 中国語を上手に使いこなすために 加藤宏紀。
松本正勝・杉谷嘉則・西本右子・加部義夫・大石不二夫著	化学の魅力 ――大学で何を学ぶか A5判／88頁／900円／2010年	神奈川大学理学部化学科は創設20周年を迎える。そこで新入生を対象としたテキストを企画した。その目的は化学の魅力を広く伝え化学の広範な広がりを知ってもらおうとするものである。
山火正則著	刑法を学ぼうとしている人々へ A5判／62頁／900円／2010年	刑罰とは何か―何ゆえに人を処罰することができるのかなどという原理的な問題にも思いをめぐらすことが、大学で学ぶ解釈論に確かな方向性を与え、その学びをより豊かなものにする。
木原伸浩・天野力・川本達也・平田善則・森和亮著	化学の魅力 II ――大学で何を学ぶか A5判／84頁／900円／2010年	化学の広がりの大きさ、多様性に気付いてもらうための啓蒙書であり、化学の研究現場の雰囲気、新しい化学のフレイバーを嗅ぎ取ってもらえる指針としてじっくりと読み進めてほしい。
鈴木陽一・孫安石・蘇智良・陳天璽著	中国学の魅力 A5判／66頁／900円／2010年	1 横浜と上海の光と影 鈴木陽一／2 中国―世論を数値化できる社会へ 孫安石／3 アジアの近代化が始まった港町 蘇智良／4 開港150年と中華街のあゆみからみた日本 陳天璽

御茶の水書房刊（価格は税抜き）

村井寛志・張翔・大里浩秋・小林一美著 中　国　と　日　本 ──未来と歴史の対話への招待── A5判／64頁／900円／2011年	1　中国の「格差」を多面的に考える　村井寛志／2 近代中国と横浜の開港　張翔／3 戦争終結直後の中国人は日本をどう見たか　大里浩秋／4 歴史学を学ぶ意味について　小林一美
中島三千男著 若者は無限の可能性を持つ ──学長から学生へのメッセージ　2007-2012年度 A5判／84頁／900円／2014年	この式辞は、本学を卒業した学生たちばかりではなく、日本社会とその未来をになう若者と、アジアからの留学生、さらには戦争の記憶の刻まれたアジアの諸国民への友好のメッセージ。
小森田秋夫編 君たちに伝えたい神奈川の裁判 A5判／72頁／900円／2015年	神奈川では全国的に著名な裁判がいくつも行われてきました。その中から法学を学ぶ皆さんにぜひ知っておいてほしい8つの事件を選び、事件の背景、裁判の経過と結果、意義を解説。
小馬　徹著 フィールドワーク事始め ──出会い、発見し、考える経験への誘い A5判／60頁／900円／2016年	文系の学問の場合、まさしくフィールドワークこそが「記述主義」の基本姿勢を身に着ける最も具体的で実践的な方法となる。フィールドワークの醍醐味を学ぶ入門書。

御茶の水書房刊（価格は税抜き）